実践 事業継続マネジメント

第4版

災害に強い
企業を
つくるために

編 東京海上日動リスクコンサルティング(株)

同文舘出版

第4版出版にあたって

　わが国に多くの被害をもたらした東日本大震災から約7年が経ちました。この震災では被災地のみならず，非被災地においても多くの事業中断が発生し，その中には復旧できないまま撤退していった企業もありました。また，この年はタイで水害も発生し，サプライチェーンを通じて世界的な規模で企業活動に影響が生じ，多くの企業がリスクマネジメントや事業継続マネジメント（Business Continuity Management：BCM）の必要性を痛感させられた年でした。

　東日本大震災が発生した2011年は，わが国の事業継続計画（Business Continuity Plan：BCP）の策定率は大企業で28%，中堅企業で13%にとどまっていました。以降，震災の教訓を活かすために，BCPやBCMを推進するためのさまざまな取組みが強力に進められてきました。世界的にも事業継続の必要性が再認識され，2012年に国際標準規格ISO22301が発効となり第三者認証制度も開始しました。2013年には内閣府の事業継続ガイドラインが改定され，2016年には国土強靱化法の成立により国土強靱化貢献団体を認証するレジリエンス認証制度がスタートしました。官民挙げた取組みの結果，2015年にはBCPの策定率が大企業60%，中堅企業30%まで上昇しています。

　このように，2005年に内閣府より事業継続ガイドライン（第一版）が公表されて以降，この約10年間でBCPやBCMの普及が相当に進んできました。

　しかし，東日本大震災から5年後の2016年4月，熊本地震が発生し，ここでまだ多くの取り組むべき課題が残っていることが明白になりました。

　この地震では，東日本大震災等の経験から，有事に備えてBCPを策定していた企業がその実力を発揮した例があった一方で，一部の被災企業や市町村では，準備不足等により初動対応や復旧の遅れがみられました。また，被災地の地震リスクについて正しい情報が認識されていなかったことが，対策の遅れにつながったことや，特に中堅中小企業において，BCPの策定が十分には進んでいなかったことも判明しました。

本書ではこのような現状を踏まえて、以下の3点を、今後、日本企業が事業継続を推進するうえで重視すべきポイントと考えました。

1．大企業だけではなく中堅中小企業も含めたあらゆる企業規模において、これからBCMを進める皆様が容易に取り組むことができる。
2．すでにBCPを策定済みの企業が、地震以外のリスクを含めたオールリスクへの対応やBCPの維持管理の重視など、内閣府のガイドライン等の最新の改訂内容にあわせて、BCPを容易に改訂することができる。
3．事業継続体制を立ち上げた初期のメンバーが人事異動等で不在になった後も、推進体制を維持し、教育訓練等を強化し実効性を維持向上させることができる。

執筆にあたっては、実際のコンサルティングの現場や政府等の委員会を通した活動において、私たちが企業の皆様とともに悩み、検討を重ねてきた結果を集約し、そこに最新の情報を取り入れながら、読者の方に具体的な取組みイメージを伝えることができるように努めました。第3版までの読者からの希望が多かった、企業のBCP・BCMの実践例も多く紹介しています。

事業継続への取組みは、企業だけではなく株主、債権者、お客様、経営者、従業員、取引先、地域社会等、すべてのステークホルダーの利益を守ることにつながります。さらに、事業継続を通じて企業間や地域間の連携が深まることにより、社会全体が脅威に強くなり、安全・安心な生活や、国が進めている国土強靱化に資するものになると考えます。

本書を通じ、読者の皆様のBCPやBCMへの理解が深まり、事業継続の取組みを推進していくための一助となることを心から願っております。

2017年12月

執筆者一同

目次 — Contents

略語一覧表　x

第1章　事業継続の普及と課題

1. 過去の教訓を踏まえて着実に進歩してきた事業継続の取組み　3
2. 事業継続とは　3
3. 経営戦略と事業継続計画（BCP）　6
4. 防災計画と事業継続計画（BCP）　7
5. 何のためにBCPを策定し，BCMに取り組むのか　9
6. 事業継続の普及の歴史　11
   - (1) 欧米企業のインシデント対応から始まった事業継続　11
   - (2) わが国の事業継続の普及の経緯　12
   - (3) 事業継続に関する規格・ガイドライン等　13
   - (4) 日本，米国，英国の事業継続推進団体　24
   - (5) 日本のBCP普及状況　28
7. 企業がかかえるBCMの課題　31
   - (1) 経営者のBCMへの関与度合いが低い　31
   - (2) 適切なBCM推進体制が構築されていない　32
   - (3) BCPと名前がついているが，中身は防災計画　34
   - (4) 既存のBCPの見直しができていない　35
   - (5) BCPの周知と教育・訓練ができていない　37
   - (6) 継続的改善の仕組みが構築されていない　38
   - (7) 中小企業ではBCPの策定率が低い　39

column1　第三者認証の取得と事業継続　40

第2章　事業中断を引き起こすさまざまなリスク

1　事業中断を引き起こすリスク　43
2　過去に発生した事業中断リスク　49
(1) バンコク暴動（2010年4月～5月）　49
(2) アイスランド火山噴火（2010年4月）　53
(3) 東日本大震災（2011年3月）　56
(4) タイ水害（2011年）　64
(5) 熊本地震（2016年4月）　69
(6) その他　72
3　今後発生が予測される事業中断リスク　74
(1)「首都直下地震」の被害想定　74
(2)「南海トラフ巨大地震」の被害想定　78

column2　レジリエンス認証制度　80

第3章　BCP策定のプロセス

1　BCPの策定に関する新しい考え方　83
(1) 結果事象　83
(2) 代替戦略の重要性　84
(3) オールリスクへの対応　84
2　BCPの策定と維持管理のプロセスの概要　85
3　基本方針の策定　87
(1) 基本方針策定の重要性　87
(2) BCPの目的　88
(3) BCPの策定範囲　89
(4) BCPの推進体制　90
(5) リスク分析　93
4　重要業務の選定　94

5 復旧目標の設定　97
6 業務プロセスの分析　100
　(1) 業務プロセス分析の目的　100
　(2) 業務プロセス分析のポイント　102
7 被害想定　103
　(1) 被害想定の目的　103
　(2) 被害想定の実施のポイント　104
8 事業継続戦略　105
　(1) 複数の事業継続戦略を持つ意義　105
　(2) 早期復旧戦略と代替戦略の対策例　106
　(3) 事業継続戦略の実践例　107
9 BCPの文書化　113
10 実効性を高めるBCMの取組み　116
　(1) 教育・訓練　116
　(2) 点検・見直し　123
11 BCPの策定にあたり考慮すべき事項　124
　(1) 組織体制・指揮命令系統の明確化　125
　(2) 本社等重要拠点の機能の確保　126
　(3) 商品・サービスの供給関係　127
　(4) 情報システム・重要な情報のバックアップ　128
　(5) サプライチェーン，ロジスティクス　129
　(6) リスクコミュニケーション　130
　(7) リスクファイナンス（財務手当て）　131
　(8) 組織横断的な協力体制　131
　(9) 外部委託先管理　132

column3　新型インフルエンザ等の流行を想定したBCPについて　134

第4章　事業継続の取組み事例

 1　イッツ・コミュニケーションズ株式会社　**141**
 2　ジヤトコ株式会社　**145**
 3　株式会社大塚製薬工場　**149**
 4　TANAKA ホールディングス株式会社　**153**
 5　鈴木工業株式会社　**157**
 6　SG ホールディングス株式会社　**161**
 7　株式会社ローソン　**165**
 8　株式会社サニーマート　**169**
 9　名古屋大学医学部附属病院　**173**

column4　リスクマネジメント，危機管理，事業継続の関係　**177**

第5章　サプライチェーンリスクマネジメント

 1　サプライチェーンリスクマネジメントとは　**181**
  (1) サプライチェーン　181
  (2) サプライチェーンのリスク　182
 2　サプライチェーンリスクマネジメントの考え方　**184**
  (1) サプライチェーンリスクマネジメントの目的　184
  (2) 事業継続マネジメントにおけるサプライチェーン上の課題　185
  (3) サプライチェーンのレジリエンス　186
 3　サプライチェーンリスクマネジメントの実践　**188**
  (1) サプライチェーンリスクマネジメント導入のアプローチ　188
  (2) サプライチェーンリスクマネジメント構築のプロセス　190
  (3) サプライチェーンリスクの分析・戦略の策定　190
  (4) サプライチェーンの監視・検知・対応計画　194

(5) サプライチェーンリスクマネジメントの協働アプローチと継続的改善　195

> **column5**　ICS による災害対策本部の組織化について　197

第6章　リスクファイナンスの考え方

1　財務インパクト分析とは　202
(1) 財務インパクト分析の必要性　202
(2) 財務諸表に及ぼすリスクのインパクト　203
(3) ケーススタディ　205
(4) 財務インパクト分析の意義　210

2　事業継続計画におけるリスクファイナンス　211
(1) 必要資金の考え方　211
(2) リスクファイナンス戦略　212

第7章　事業継続を推進するために

1　コンサルティングの現場から　219
- キーワード 1　取組みのきっかけ　219
- キーワード 2　経営者のリーダーシップ　220
- キーワード 3　推進役の存在　220
- キーワード 4　現場の参画　221
- キーワード 5　ステップ・バイ・ステップ　222
- キーワード 6　PDCA サイクル　222
- キーワード 7　BCM の実効性　223

2　事業継続への取組みの効果　224
(1) 事業を強くする（弱点の点検）　224
(2) 組織横断的なプラットフォームの構築　225

3　リスクに強い会社をつくるために　226

参考文献　229
主な事業継続・防災関連の URL 一覧　233
索　引　238

Column 目次

- **Column 1**　第三者認証の取得と事業継続 ………………………………… 40
- **Column 2**　レジリエンス認証制度 ……………………………………………… 80
- **Column 3**　新型インフルエンザ等の流行を想定した BCP について ……… 134
- **Column 4**　リスクマネジメント，危機管理，事業継続の関係 ……………… 177
- **Column 5**　ICS による災害対策本部の組織化について ……………………… 197

略語一覧表

略称	正式名	邦訳（または説明）
BC	Business Continuity	事業継続
BCAO	Business Continuity Advancement Organization	特定非営利活動法人事業継続推進機構
BCI	The Business Continuity Institute	（英国）事業継続協会
BCM	Business Continuity Management	事業継続マネジメント
BCMS	Business Continuity Management System	事業継続マネジメントシステム
BCP	Business Continuity Plan	事業継続計画
BIA	Business Impact Analysis	事業影響度分析／ビジネスインパクト分析
BPO	Business Process Outsourcing	ビジネス・プロセス・アウトソーシング
BSI	British Standards Institution	英国規格協会
CCA	Civil Contingencies Act	（英国）民間緊急事態法
CCS	The Civil Contingencies Secretariat	（英国）民間緊急事態事務局
COOP	Continuity of Operations Plan	省庁・州などの業務継続計画
CP	Contingency Plan	コンティンジェンシープラン
CRO	Chief Risk Officer	最高リスク管理責任者
CS	Customer Satisfaction	顧客満足
CSR	Corporate Social Responsibility	企業の社会的責任
CVT	Continuously Variable Transmission	ベルト式無段変速機
DHS	The Department of Homeland Security	（米国）国土安全保障省
DMAT	Disaster Medical Assistance Team	災害派遣医療チーム
DRII	Disaster Recovery Institute International	（米国）DRIインターナショナル
DRP	Disaster Recovery Plan	災害復旧計画
EMAP	Emergency Management Accreditation Program	緊急事態管理認証プログラム
ERM	Enterprise Risk Management	全社的リスクマネジメント
ERT	Emergency Response Team	緊急対応チーム
FEMA	Federal Emergency Management Agency	（米国）連邦緊急事態管理庁
GIS	Geographic Information System	地理情報システム
ICS	Incident Command System	インシデント・コマンド・システム
ISDR	International Strategy for Disaster Reduction	国際防災戦略
ISMS	Information Security Management System	情報セキュリティマネジメントシステム
ISO	International Organization for Standardization	国際標準化機構
IT	information technology	情報技術
ITIL	IT Infrastructure Library	ITサービスマネジメントのベストプラクティス集
JEITA	Japan Electronics and Information Technology Industries Association	一般社団法人電子情報技術産業協会
JIPDEC	Japan Institute for Promote of Digital Economy and Community	一般財団法人日本情報経済社会推進協会

JISA	Japan Information Technology Services Industry Association	一般社団法人情報サービス産業協会
MERS	Middle East Respiratory Syndrome	中東呼吸器症候群
NESDB	Office of the National Economic Development Board	タイ国家経済社会開発庁
NFPA	National Fire Protection Association	全米防火協会
OEM	Original Equipment Manufacturing	他社ブランド製品の製造
PS-Prep	Voluntary Private Sector Preparedness Accreditation and Certification Program	民間組織におけるインシデント対応の審査および認証プログラム
RFID	Radio Frequency Identification	RFIDタグと呼ばれる媒体に記憶された情報のやりとりができる自動認識システム
RTO	Recovery Time Objective	目標復旧時間
SARS	Severe Acute Respiratory Syndrome	重症急性呼吸器症候群
SCM	supply chain management	サプライチェーンマネジメント
SCRM	Supply Chain Risk Management	サプライチェーンリスクマネジメント
SCU	staging care unit	広域搬送拠点臨時医療施設
SEMI	Semiconductor Equipment and Materials International	半導体技術の業界団体
SoC	System-on-a-chip	システム・オン・ア・チップ
SSQA	Standardized Supplier Quality Assessment	供給者品質評価
UDD	National United Front of Democracy Against Dictatorship	親タクシン派の政治団体である反独裁民主主義同盟
UKAS	United Kingdom Accreditation Service	英国認証機関認定審議会
WHO	World Health Organization	世界保健機関

実践　事業継続マネジメント（第4版）
―災害に強い企業をつくるために―

第1章 事業継続の普及と課題

1 過去の教訓を踏まえて着実に進歩してきた事業継続の取組み

　2016年4月，熊本地方で震度7を2回観測する内陸直下型の熊本地震が発生しました。被災地の小売店・コンビニエンスストアの棚からは商品が消え，自動車メーカーでは被災地の部品工場からの供給途絶により非被災地の組立工場が生産を停止する等，2011年の東日本大震災と同様の事態が発生しました。

　しかし，大企業の一部には，2007年の新潟県中越沖地震や2011年の東日本大震災等の過去の経験を活かして，早期の事業再開を果たした企業もありました。ある大手流通業では，非被災地からの応援により，ほぼ5日目には被災地の店舗での商品供給を再開しました。ある自動車メーカーでは，非被災地の工場までもが生産停止となりましたが，海外の部品メーカーへ調達先を切り替えたことにより，ほぼ目標通りの約1週間で，非被災地での生産を再開しました。これは，これらの企業が過去の災害の経験を活かして，経営課題として体系立てて事業継続に取り組み，組織の力を結集して災害時の対応力の向上を目指した成果といえるでしょう。

　東日本大震災で尊い人命や資産を失った反省から，わが国の事業継続への取組みは加速し，実効性のある事業継続を目指して着実に進歩しています。

2 事業継続とは

　一般的に事業とは，一定の目的を持って「人，物，金」などの経営資源を投入し，これで製造した製品やサービスを消費者や取引先に提供して利益を得る

プロセスであるといわれます。したがって、事業を停止させず継続することはきわめて重要です。

事業継続（Business Continuity：BC）とは、「大地震等の自然災害、感染症のまん延、テロ等の事件、大事故、サプライチェーン（供給網）の途絶、突発的な経営環境の変化など、さまざまな不測の事態が発生しても、重要な事業を中断させない、または中断しても可能な限り短い時間で復旧させること」[1]をいいます。

災害・事故等が発生した後の混乱した状況の中では、要員やライフライン等の事業活動に必要な経営資源がすべて使用できるとは限りません。事業を遂行する能力が制限された非常時であっても継続すべき重要な事業は何かを定め、その事業を継続するために必要な方針や人員体制、投入する経営資源、スケジュール等を実効性のある計画として準備しておくことがきわめて重要です。

このような、事業継続を実現するために必要な方針、体制、手順等を示した計画を、「事業継続計画（Business Continuity Plan：BCP）」と呼びます。

また、BCPの策定や維持・更新、事業継続を実現するための予算・資源の確認、対策の実施、そして取組みを浸透させるための教育・訓練を実施し、点検や継続的な改善をしていくための日常の経営管理活動を事業継続マネジメント（Business Continuity Management：BCM）と呼びます。

図表1-1はBCPの概念を表したものです。事故・災害等の不測の事態の発生時には、事業を遂行するために必要な経営資源が制約を受けるため、通常時よりも事業の操業度は低下します。もしここでBCPを発動しなければ、図の「現状の予想復旧曲線（実線）」が示すように、操業度が極端に低下するでしょう。復旧までに長時間を必要としたり、復旧見込みを速やかに示すことができ

---

[1]「事業継続ガイドライン第三版」（内閣府）では、「大地震等の自然災害、感染症のまん延、テロ等の事件、大事故、サプライチェーン（供給網）の途絶、突発的な経営環境の変化など不測の事態が発生しても、重要な事業を中断させない、または中断しても可能な限り短い期間で復旧させるための方針、体制、手順等を示した計画のことを事業継続計画（Business Continuity Plan, BCP）と呼ぶ」としている。

なかったりした場合，顧客・取引先等の許容限界を逸脱し，取引の中断や他社への切り替えを決断される可能性があります。仮にBCPがなくても，時間をかければいずれは復旧できると思われるかもしれませんが，一度失った取引等を取り戻し，事業中断前と同等の操業度まで回復することは容易ではなく，その後の経営に悪影響を及ぼします。このような事態を避けるためには，図の「BCP発動後の復旧曲線（点線）」のように，顧客や取引先の許容限界内の時間，レベルで，事業を継続または復旧できる態勢を準備しておくことが重要となります。それはつまり，BCPの策定が必要ということです。

このため，事業継続は経営トップにとって，取り組まなければならない重要な経営課題であると同時に，取引先や顧客から選ばれる企業として競争優位を実現するための有効な経営戦略の1つとなります。

図表1-1　事業継続計画（BCP）の概念

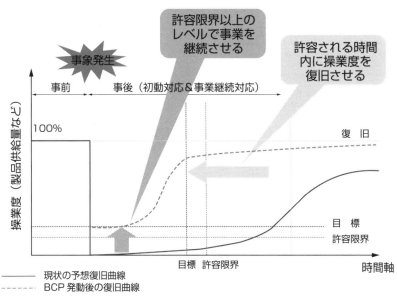

出所：内閣府［2013b］「事業継続ガイドライン第三版」（8月）。

3 経営戦略と事業継続計画（BCP）

　戦略とは，もともと軍事用語でしたが，A.D. チャンドラーらが経営の分野に導入して「経営戦略」という言葉が使われるようになりました。市場に多くの競争相手がいる中で，実際に競争する以前に有利な状況を作り出したり，あるいは競争を避けながら有利に展開するための策略またはその計画をさします。1つの企業が有する経営資源（人，物，金，情報）は有限であり，あらゆる分野に投入することは不可能であるため，経営戦略に従って選択的に配分する必要があるという考え方です。

　そして，この経営戦略は，事業環境の変化に応じて常に最適化を図り見直す必要があります。

　大事故や大規模災害のような不測の事態が発生した場合には，事業環境が一変するとともに，それまでに投入した経営資源も大きく制約を受けます。現状の経営戦略が通用しなくなる場合もあるため，その時の状況に最適な経営戦略に切り替える必要があります。優先すべき事業（製品，サービス，機能）を絞り，限られた経営資源を集中投下し，同時に，その他の事業の復旧・再開は後回しにするといった経営判断が必要とされます。しかし，非常時に速やかに最善の判断を行うことは容易ではありません。これらを想定して準備しておく戦略が事業継続戦略であり，戦略を実行できるように具体化したものがBCPです。そのため，BCPやBCMは，経営トップが関与すべき重要な経営課題となります。

　かつては多くの企業で，事業継続を経営戦略ではなく防災の延長線上に捉え，防災の担当部門がBCPやBCMの推進部門となるケースが多くみられました。最近では，BCPやBCMが地震以外のリスクも対象とする方向に見直す動きが出てきたこともあり，経営戦略の一環として捉える考え方がさらに浸透し，BCPやBCMの推進を経営企画部門やリスク統括部門が担当する企業が増えています。

4 防災計画と事業継続計画（BCP）

わが国では地震等の災害が多く発生するため，従来から地震や火災等に対応するための「防災計画」や「消防計画」等を多くの企業が準備しています。ここではBCPとこれらの計画（以下，防災計画と呼びます）の違いや関係性について説明します（図表1-2）。

簡単にいえば，人や資産を守るための対策が防災対策であり，優先順位の高い事業（製品の供給・サービスの提供）を継続し続ける，つまり供給責任を果たすための計画がBCPであるといえます。

すべての会社や事業所において，人命や建物等の資産の安全を守るための計画は必要です。大規模・高層の建築物では，消防計画の一部として防災計画を準備することが消防法で定められており，その内容は，大災害発生時の避難，二次災害防止，安否確認，建物の安全確保，災害対策本部組織・役割等の計画

図表1-2　防災計画とBCPの違い

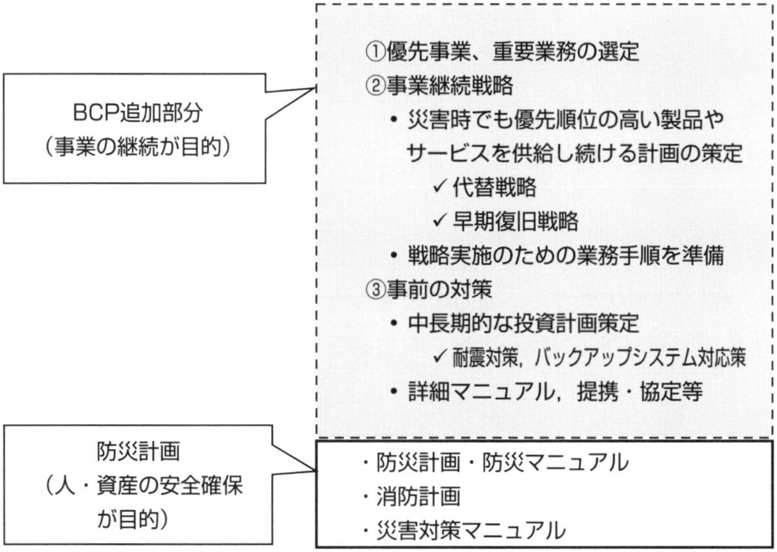

BCP追加部分
（事業の継続が目的）
- ①優先事業、重要業務の選定
- ②事業継続戦略
  - 災害時でも優先順位の高い製品やサービスを供給し続ける計画の策定
    - ✓ 代替戦略
    - ✓ 早期復旧戦略
  - 戦略実施のための業務手順を準備
- ③事前の対策
  - 中長期的な投資計画策定
    - ✓ 耐震対策，バックアップシステム対応策
  - 詳細マニュアル，提携・協定等

防災計画
（人・資産の安全確保が目的）
- ・防災計画・防災マニュアル
- ・消防計画
- ・災害対策マニュアル

や，建物・備品の耐震対策等に関する計画となります。また，相次ぐ気象災害を踏まえて水防法が改正され，福祉施設等では水害に備えた避難計画の策定等が義務づけられています。

　このような防災計画が目的とする人命や資産の安全確保はBCPにおいても重要ですが，計画の目的が異なることに注意が必要です。BCPは優先事業の継続が目的であるため，以下のような内容が記載されます。

① **優先事業，重要業務の選定**

　非常時にはすべての業務を実施できない可能性があります。地震や水害，事故等のインシデントに関係なく，どのような不測の事態になっても継続，ないし早期再開しなければならない事業と業務を選定します。必要により製品，サービス，取引先等に優先順位をつけ，実施しない事業や業務を明らかにすることも重要です。

② **事業継続戦略**

　経営資源が被害を受け，その利用に制約がある中でも，優先事業とそれを支える各部門の重要業務を継続，早期再開させるための戦略です。

　戦略には大きく分けて，その場で復旧を目指す早期復旧戦略と，代替先で事業の継続を目指す代替戦略があります。

③ **事前の対策**

　②の戦略をより実効性のあるものとするために，事前に準備しておくべき対策を定め，責任部門と対策の内容，実施期限を定めた計画を作成します。

　このように，防災計画等とBCPは策定の目的が相違するため，記載される内容も異なります。また，防災計画等は事業所毎の策定が必要ですが，BCPは会社または事業を1つの単位として策定するため，複数の事業所や会社を対

象として策定することもあります。

なお、地震等の自然災害が発生した場合には、初動対応とBCP活動を並行して実施することとなります。企業規模が大きくなく単一事業を営む場合などには、初動対応を記載した災害対応マニュアルと、事業継続について記載したBCPを1つの文書にまとめたほうが実際的な場合もあります。

5 何のためにBCPを策定し，BCMに取り組むのか

前述のとおり，不測の事態が発生した際にも企業が存続していくためには，製品・サービスの供給を，ステークホルダーから要求される時間以内に，要求されるレベルで実施しなければなりません。平常時の延長線の対応だけでは不十分であることはいうまでもなく，BCPが最も有効な手段となります。

一般的に企業がBCPを策定する目的には次の3つがあります。

① 社会的責任を果たすため

特に，社会機能維持にかかわる業種が該当します。具体的には，建設・土木，交通・航空・港湾，医療，電気・ガス・水道等ライフライン，水・食料・医薬品等の生産・流通・販売等の事業や官公庁，地方自治体等があげられます。市民の生活基盤を支えるために事業・業務の継続ないし早期再開が求められています。

指定公共機関の対象事業者は，早くからBCMに取り組んできましたが，東日本大震災後の災害対策基本法（第7条2）の改正により，上記の業種に該当する企業は事業の継続に努めなければならない（努力義務）と明記されました。また，新型インフルエンザ等対策特別措置法（第4条3）における登録事業者[2]は，「新型インフルエンザ等が発生したときにおいても，医療の提供並

---

2) 医療の提供の業務又は国民生活及び国民経済の安定に寄与する業務を行う事業者であって厚生労働大臣の定めるところにより厚生労働大臣の登録を受けているもの。

びに国民生活及び国民経済の安定に寄与する業務を継続的に実施するよう努めなければならない」とされています。

② サプライチェーン内の重要顧客との取引（信頼関係）を維持するため

現代の複雑・高度化したサプライチェーン構造の中では，一企業の事業停止が産業界全体に影響を与えるケースがあります。これまでも，新潟県中越沖地震，東日本大震災，タイの水害，熊本地震等，大災害が発生するたびに，国内外の業界全体に影響が拡大しました。特に効率を最高水準にまで高めた生産方式を持つ製造業では対策の1つとして，部品メーカー等の仕入先に目標復旧時間を提示して，BCPの策定・BCMの取組みを要求するようになりました。さらに，BCMの取組み状況を仕入先評価の基準とする考え方も広まりつつあり，BCP・BCMの有無が，平時の取引にも大きな影響を及ぼすようになってきました。

このような中，自社がBCPを持たずに事業を停止するとどうなるでしょうか。自社の事業の停止を知った取引先はBCPを発動し，代替先に発注するでしょう。取引先からは信頼を失い，復旧後の取引関係にも影響が生じかねません。

なお，サプライチェーンは製造業だけではありません。サービス業においても社外の企業に重要な業務プロセスを委託しているケースがあります。これらのサプライチェーンの一部を担っている企業がBCPを策定することは，サプライチェーン全体の安定的な製品供給やサービス提供に寄与し，取引先からの信用を維持するために重要となっています。

③ 自社の存続

自然災害や火災等により休業状態が数ヵ月など長期化する場合は，膨大な復旧費用と営業収入の減少によって財務状況が悪化します。また，後に復旧したとしても，その時までに取引先等を失っていた場合，収入の維持が困難となります。従業員の雇用継続の問題も出てくる可能性があり，最悪の場合は倒産に至ります。従業員もステークホルダーであり，事業の中断による休業の長期化に

は限界があります。これらの観点からもBCP・BCMの取組みが必要といえます。

6 事業継続の普及の歴史

BCPやBCMに取り組む際には，国内外のBCPの普及の経緯や各種ガイドライン，規格の内容，およびそれらの背景となる全体的な潮流を把握しておくことが望まれます。

(1) 欧米企業のインシデント対応から始まった事業継続

事業継続への取組みは，1970年代以降，特に金融機関を中心に情報システムが企業に導入されるようになって関心が高まりました。当時の企業は，基幹システムを中心に次第に情報システムへの依存性を高めていく一方で，システム自体への信頼性が欠けていたため，万一システムが停止した場合に備えた対応策を検討する必要がありました。事業継続という考え方は，この情報システムのバックアップ対策という観点からスタートしたといえます。

その後，1980年代に入り，欧米ではコンティンジェンシープラン（Contingency Plan：大規模災害などの不測の事態に際して，障害の影響を極小化し，迅速に復旧するためあらかじめ策定しておく計画）に事業継続の要素が盛り込まれるようになりました。また同時に，災害復旧計画（Disaster Recovery Plan：災害時において設備やシステムを早期に復旧させる計画），危機管理などといった考え方が広く認知されるようになってきました。

これ以降，大規模工場火災，台湾地震，2000年問題などのさまざまな局面で上記のような計画の有効性が認識されてきましたが，2001年9月11日の米国同時多発テロを契機に，一気にその注目度が高まることとなりました。この事件では，被害にあったワールドトレードセンターに入居していたいくつかの企業が，従業員の安全などを確保した後，速やかにバックアップセンターを稼動させて市場や顧客からの評価を得たという正の側面がある一方で，従来の対策でカ

バーされなかった多くの不備が露呈することとなったため，特に米国では事業を継続するための仕組みを整える必要性が強く認識されることとなりました。

(2) わが国の事業継続の普及の経緯

わが国においては，地震や風水害などの自然災害が多く発生してきた歴史により，これら自然災害への対策はある程度は整えられてきたといえます。産業界においても，社会からの要請や事業環境の変化とともに，人命の安全確保や建物・設備などの資産保全という防災対策での取組みから，事業継続という観点での取組みに徐々に拡大してきました。

特に，2001年の米国同時多発テロを契機に，大手金融機関，情報通信産業，半導体産業等において，事業継続の取組みが顕著になってきました。

2004年頃からは，米国IT企業から日本の情報通信産業，半導体産業に対して，事業継続の取組み状況に関する問い合わせが頻繁に行われるようになりました。米国IT企業が自社の事業継続の取組みを進める中で，サプライヤーである情報通信産業，半導体産業に対して，製品の安定供給を求めるための質問状への回答を求めたのです。

〈質問状の内容〉
- 拠点別のリスクアセスメントを行っているか？
- ビジネスインパクト分析を行っているか？
- 事業を中断させるリスクを洗い出し，常に監視しているか？
- 代替拠点への業務移転計画があるか？
- 重要連絡先リストを用意しているか？
- BCPを作成し，毎年訓練を実施しているか？
- 情報システムの災害復旧計画を策定し，訓練しているか？
- サプライヤーからのBCPを入手し支援しているか？

当初，質問を受けた国内メーカーではその意味を理解するところからスター

トしなければならず，いわば必要に迫られた形でBCPの策定が始まりました。
　その後，2005年に内閣府の「事業継続ガイドライン」が発行され，BCPの普及を目的とした特定非営利活動法人事業継続推進機構（BCAO）が設立されると，さまざまな業界に事業継続の取組みが広がっていきました。
　そのような中，2007年7月16日，新潟県中越沖地震が発生しました。この地震により新潟の自動車部品メーカーの工場が被災し生産が停止すると，その影響を受けた非被災地の大手自動車メーカーの組み立て工場までも操業停止を余儀なくされました。自動車メーカー各社は共同で18日に復旧支援要員を被災地に派遣し，1週間後に生産の一部再開にこぎつけました。
　そして，この事態を契機として，国内の多くの製造業でBCP策定の機運が高まりました。
　2009年にはメキシコや米国で発生した新型インフルエンザが国内にも上陸し，感染症に備えたBCPが必要という認識が広がりました。その後も，2011年の東日本大震災や2016年の熊本地震など，数年おきに大災害や事件が発生する都度，BCPの重要性が注目されてきました。

(3) 事業継続に関する規格・ガイドライン等
1) 日本における事業継続のガイドライン等
　産業界の事業継続に関する取組みは，通商産業省（現経済産業省）が策定した「電子計算機システム安全対策基準」（1977年）や各省庁が策定した情報システムに関する安全対策基準からスタートしました。また，金融機関に絞ったものとして，金融情報システムセンターが策定した「金融機関のコンピュータシステムの安全対策基準」があり，この中でコンティンジェンシープランに関する運用基準が設けられ，事業継続に関する萌芽が見られます。日本では，自然災害への防災対策は一定のレベルで取り組まれてきたものの，事業継続の観点では欧米諸国よりも一歩遅れをとっていました。
　しかし，2000年以降，有価証券報告書にリスク情報の開示を行うことが求

められるようになりました。海外の取引先や当局の要請もきっかけとなり，事業継続に関するガイドラインが相次いで発行されました（図表1-3）。

2013年8月の内閣府「事業継続ガイドライン第三版」では，東日本大震災の教訓とBCMの国際標準規格の発行を踏まえ，事業継続に関する考え方が大きく進化しました（図表1-4）。

図表1-3 日本における事業継続に関する・ガイドライン等の公表の経緯

年月	内容
2002年4月	小泉首相『災害に強い都市』構想
2002年12月	内閣府に「企業と防災に関する検討会議」設置
2003年7月	日本経済団体連合会「災害に強い社会の構築に向けて」
2003年9月	政府「民間と市場の力を活かした防災力向上に関する専門調査会」設置
2005年3月	経済産業省「事業継続計画策定ガイドライン」
2005年8月	内閣府「事業継続ガイドライン第一版」
2006年2月	中小企業庁「中小企業BCP策定運用指針」
2006年6月	「特定非営利活動法人（NPO）事業継続推進機構（BCAO）」設立
2007年7月	内閣府「中央省庁業務継続ガイドライン」
2008年8月	総務省「地方公共団体におけるICT部門の業務継続計画（BCP）策定に関するガイドライン」
2008年9月	経済産業省「ITサービス継続ガイドライン」
2009年2月	厚生労働省「事業者・職場における新型インフルエンザ対策ガイドライン」
2009年11月	内閣府「事業継続ガイドライン第二版」
2010年4月	内閣府「地震発災時における地方公共団体の業務継続の手引きとその解説」
2013年4月	「新型インフルエンザ等対策特別措置法」施行
2013年8月	内閣府「事業継続ガイドライン第三版」
2013年12月	「国土強靭化基本法」施行
2015年5月	内閣府「市町村のための業務継続計画作成ガイド」策定
2016年2月	内閣府「地震発災時における地方公共団体の業務継続の手引きとその解説」改定
2016年4月	内閣府「中央省庁業務継続ガイドライン（第2版）」発表
2016年4月	レジリエンス認証制度開始

第1章 事業継続の普及と課題

図表1-4 「事業継続ガイドライン第三版」改訂の概要

事業継続ガイドライン改訂の概要

近年の国内外の事業継続に関する動向や災害の教訓を踏まえ，以下のように改定。

トピックス	改定の方向性	主な改定内容
・BCP策定済企業の増加 　大企業：27.6%→45.8% 　中堅企業：12.6%→20.8% 　中小企業等への普及促進 ・BCP策定後の見直し等の不足，形骸化 　見直しを実施していない割合 　大企業：15.6% 　中堅企業：47.0% 　さらに，見直しの取組が十分でなく，改善の必要性ありとの回答も，40％を超える 【出典】内閣府「企業の事業継続に関する実態調査」(H24.3)	**BCMの普及啓発** ● 有事のためのBCPから平時からの取組（BCM）へ意識転換を図ること **運用に係る内容充実** ● BCP策定後の実効性向上を目指し，運用に関する内容を充実させること	**＜章立てを刷新し，BCMを強調＞** BCP策定後に取組が続かない，あるいは文書ばかりが厚くなり，コストは増える反面，実効性は無くなるなど課題に鑑み，単なる文書化が目的とならないよう，従来BCPに含めて説明されていた「平時からの取組（BCM）」を経営戦略に盛り込むように強調するとともに，構成の見直し **＜BCMの実施，BCP/BCMの見直し・改善に関する章の拡充＞** 社内の一部の人達の取組で終始する，あるいは中小企業等では実施方法がわからず躊躇しているような現状の課題を踏まえ，様々な企業で平時から取り組み易くなるよう，教育・訓練，見直し・改善等に関する内容の充実，項目の流れの分かり易さの追求
・東日本大震災（H23.3.11） ・タイにおける水害（H23.秋）	**災害等の教訓反映** ● 東日本大震災等の災害への対応から得られた教訓を盛り込むこと	**＜事業継続戦略・対策に関する章の新設＞** 特定事象のみのBCPを策定したことにより，想定外の事象には柔軟に対応できなかったことから，幅広いリスクに対応するための考え方を盛り込み，さらにサプライチェーン途絶の経験をもとに，取引先，業界団体，地域関係者等の様々な連携の重要性も踏まえた代替戦略や対策に関する内容の充実
・国際規格 ISO22301 及び ISO22313 発行	**国際動向への留意** ● 事業継続の国際規格であるISO223シリーズとの関係性に留意すること	**＜経営者に言及する項目の追加＞** 取組の現状や災害教訓，国際動向も踏まえ，平時からの経営者の関与や災害時のリーダーシップの重要性について強調

出所：内閣府［2013a］「『事業継続ガイドライン』の改定について」（8月30日）。

「事業継続ガイドライン第三版」の改訂の概要は以下のとおりです。

- 計画の策定だけでなく，平時の継続的な取組みの重要性を強調。
- 単なる文書化が目的とならないよう，「平常時からの取組（BCM）」を強調。
- 教育・訓練，見直し，改善等に関する内容の充実。
- 教育・訓練・見直し・改善という平時の取組み事項を強調。
- 幅広いリスクに対応するための考え方を盛り込み，さらにサプライチェーン途絶の経験を踏まえ，取引先，業界団体，地域関係者等との連携の重要性も踏まえた代替戦略や対策に関する内容を充実。
- 平時からの経営者の関与や災害時のリーダーシップの重要性を強調。

また，民間の各業界においても事業継続の促進を図るべく，以下のような業

界ガイドラインを策定してきました。

① 金融機関

　金融機関では，古くから情報システムについては対策が施されてきましたが，西暦2000年問題，金融機関の合併などによるシステムトラブル，米国同時多発テロ，新型インフルエンザ（A/H1N1）の流行などを受けて，金融システムのさらなる事業継続体制の強化や，危機管理に対する意識を高めてきました。

　日本銀行では，2003年7月に「金融機関における業務継続体制の整備について」という指針的な文書を策定し公開しました。2010年3月には「業務継続体制の実効性確保に向けた確認項目と具体的な取組事例（増補改訂版）」という事業継続体制の実効性確保に向けて取り組むべき項目と具体例を示した文書を公開し，2015年に同第3版を公開しています。また，金融庁が金融機関に対して実施する検査においても，事業継続体制の整備が盛り込まれました。2009年の「中小・地域金融機関向けの総合的な監督指針」でも事業継続への取組みを行っておくことの重要性が述べられています。これはその後改訂されており2016年6月に最新版が公表されています。

　また当然ながら，世界各国の金融機関は，その業務の性質上，相互依存性が高く，ある金融機関に生じた業務の中断がほかの金融機関に波及し，金融システム全体が機能不全に陥る恐れがあります。このため，各国の中央銀行をメンバーとして組織された国際決済銀行（Bank for International Settlements：BIS）では，「業務継続に関する基本原則を策定することは世界的な金融システムの回復力向上に寄与する」と結論づけ，「業務継続のための基本原則」を2006年8月に公表しています。東日本大震災後の2012年には，「金融機関等におけるコンティンジェンシープラン策定のための手引書（第3版追補2）」を公開しています。

② 情報サービス産業

　情報サービス産業においても，1981年に「情報処理サービス情報処理システム安全対策実施事業所認定基準」を定め認証制度を開始するなど，早期に対策が講じられてきています。その後，国際標準化機構（ISO）において，ISO/IEC 17799：2000（情報セキュリティに関する国際標準規格）が制定されたことを受け，先の認証制度を発展的に解消させて，情報セキュリティマネジメントシステム（ISMS）認証制度を構築しました。その後，現在ではISO/IEC27000シリーズに更新されて広く活用されています。このISMSの管理目的および管理策の1つに事業継続管理という章が設けられています。

　また，ITサービスマネジメントの分野では，1980年代後半から英国でまとめられた運用領域のベストプラクティス集であるITIL（IT Infrastructure Library）や，ISO/IEC20000（ITサービスマネジメントの国際標準規格）シリーズなどのフレームワークも注目されています。これらもIT運用の視点から，ITサービス継続性管理の必要性を述べています。

　一般社団法人電子情報技術産業協会（JEITA）では2008年1月に，サプライチェーンのグローバル化や複雑化に対応するために業界版ガイドライン「電機・電子・情報産業BCP策定・BCM導入のポイント～取り組み事例と課題～」を発行しました。さらに2009年5月に情報サービス産業協会（JISA）と連名で「新型インフルエンザ対策における情報システム関連企業連携の進め方ガイド」を公開しています。

③ 半導体産業

　電気・電子・半導体産業は，製造業の中で最も早く世界的なサプライチェーンにBCMが組み込まれた産業といえます。この背景には，同業界が過去のサプライチェーンにかかわるさまざまな事件・事故などの影響を受け，さらに西暦2000年問題に際して，株主がサプライチェーンへの事件・事故の影響の大きさを指摘する声が高まったという事情があり，米国を中心に事業継続の取組

みが促進されたことが影響しています。取組みの一例として，ある大手半導体製造業者では，供給者品質評価（Standardized Supplier Quality Assessment：SSQA）と呼ばれる査察の仕組みを設けています。これは顧客満足度に焦点をあてたものですが，製品の品質向上や納期の遵守に加えて，災害対応など事業継続の実態も査察の対象としています。この仕組みが，半導体業界における連鎖的な事業継続の取組みを促しています。

SEMI日本地区BCM研究会では，2006年8月に「半導体産業向けBCMの10ポイント」を公表しています。

④ **自動車産業**

自動車産業もサプライチェーン全体のBCPが重要課題となっています。日本自動車部品工業会は2013年3月に「BCPガイドライン」を取りまとめ，発表しましたが，その背景には以下のような経緯がありました。

2007年7月の新潟県中越沖地震の被災により，被災地の自動車部品メーカーが操業停止となり，非被災地の自動車組み立て工場が生産停止となりました。これを教訓として，2008年には自動車メーカーが一次サプライヤーに対してBCPの策定を要請する試みが始まりましたが，リーマンショックにより一時中断を余儀なくされました。その後2011年に東日本大震災が発生し，またしても自動車部品メーカーの操業が停止し，自動車メーカーの生産再開は震災から1ヵ月以上経過してからとなりました。また同年9月にはタイで洪水が発生し，自動車メーカーの一部で生産活動が停滞する事態となりました。

これらの経験をきっかけとし，サプライヤーに対するBCP策定の推進が本格化されることとなりました。

⑤ **その他の業界**

上記の業界以外にも，自社の事業継続への取組みを強化するとともに取引先などのサプライチェーン企業に対して，事業継続への取組みを促す動きがあ

り，業界団体ごとの事業継続の促進，業界版事業継続ガイドラインの作成等が行われています。例えば，一般社団法人日本建設業連合会では内閣府の事業継続ガイドラインをベースとした「建設BCPガイドライン」を，日本百貨店協会では「日本百貨店協会BCPガイドライン」をとりまとめるなど，産業・業界ごとの特色を反映した事業継続への取組みがあります。また，国土交通省関東地方整備局等では，建設会社の基礎的な事業継続力を評価・認定し，入札契約の加点要素とする制度を2009年6月から開始するなど，政府が民間企業におけるBCPの取組みを評価する動きも見られます。東日本大震災やタイの水害の教訓を踏まえ，サプライチェーンに関する取組みが各業界で促進されています。

> **＊業界版事業継続ガイドライン策定済み業界団体（会員のみ公開のものを含む）**
> 　東京商工会議所，日本商工会議所，東京経営者協会，情報通信ネットワーク産業協会，全国建設業協会，日本建設業連合会，電子情報技術産業協会，日本証券業協会，危険物保安技術協会，金融情報システムセンター，日本工業技術振興協会，日本臨床衛生検査技師会，日本百貨店協会，日本貿易会，不動産協会，ホテル協会，日本自動車部品工業会，全日本トラック協会，石油連盟，日本経団連，日本製薬工業協会（順不同）
> 　（出所：内閣府防災情報のページ―普及・啓発 ― 企業防災 ― 事業継続 ― 事業継続 知る・計画する ― 業界・経済団体等が発行しているガイドライン等を参照する）

2）海外における事業継続の規格等

① 国際標準規格（ISO）

　事業継続に関する初めての国際標準規格（ISO）として，2012年5月にISO22301が発行されました（図表1-5, 1-6）。この国際標準規格には，各国のBCPに関する規格や規格案をもとにした論議が反映されています。ISO22301は事業継続マネジメントシステムに関する第三者認証制度の根拠となる規格であり，ガイドライン規格としてISO22313があります（図表1-7）。

図表1-5 ISO22301の目次

0.1		一般
0.2		PDCA（Plan-Do-Check-Act）モデル
0.3		この規格における PDCA の構成要素
1		適用範囲
2		引用規格
3		用語及び定義
4		組織の状況
	4.1	組織及びその状況の理解
	4.2	利害関係者のニーズ及び期待の理解
	4.3	BCMS の適用範囲の決定
	4.4	BCMS
5		リーダーシップ
	5.1	リーダーシップ及びコミットメント
	5.2	経営者のコミットメント
	5.3	方針
	5.4	組織の役割，責任及び権限
6		計画
	6.1	リスク及び機会に対処する活動
	6.2	事業継続目的及びそれを達成するための計画
7		支援
	7.1	資源
	7.2	力量
	7.3	認識
	7.4	コミュニケーション
	7.5	文書化した情報
8		運用
	8.1	運用の計画及び管理
	8.2	事業影響度分析及びリスクアセスメント
	8.3	事業継続戦略
	8.4	事業継続手順の確立及び実施
	8.5	演習及び試験の実施
9		パフォーマンス評価
	9.1	監視，測定，分析及び評価
	9.2	内部監査
	9.3	マネジメントレビュー
10		改善
	10.1	不適合及び是正処置
	10.2	継続的改善
参考文献		

出所：ISO［2012］「ISO22301 社会セキュリティ―事業継続マネジメントシステム―要求事項」。

図表1-6　ISO22301発行までの経緯

年	内容
2003年	米国，ISOに社会セキュリティの国際標準化提案
2004年	ISOにセキュリティ委員会（AGS）発足（社会セキュリティの国際標準化）
2005年	日本，「事業継続ガイドライン」（内閣府）発行
2006年	ISOで緊急事態準備（Emergency Preparedness）に関する国際規格化の議論開始（米国，英国，オーストラリア，イスラエル，日本の5か国から規格のドラフトが提出）
2006年	BSI（英国規格協会）BS25999-1発行
2007年	ISOにTC223発足（緊急事態準備および事業継続マネジメント（BCM）に関する国際標準化の議論）
2007年	ISOPAS22399（社会セキュリティ―緊急事態準備と業務継続マネジメントのためのガイドライン）発行
2007年	BSI（英国規格協会）BS25999-2発行
2007年	ISO　BCMSの監査基準開発開始
2008年	英国でBCMS認証制度開始（UKAS）
2010年	日本でBCMS認証制度開始（JIPDEC）
2010年	ISO　BCMSの監査基準ドラフト版発行（ISO22301　DIS）
2012年（2月）	ISO　BCMSの監査基準最終ドラフト版発行（ISO22301 FDIS）
2012年（5月）	ISO　BCMSの監査基準正式発行（ISO22301:2012）

出所：BSIグループジャパン「ISO22301概要セミナー資料」。

図表1-7　事業継続に関連するISO規格

ISO規格	規格の内容
ISO22300	社会セキュリティ―用語
ISO22301	社会セキュリティ―事業継続マネジメントシステム―要求事項
ISO22313	社会セキュリティ―事業継続マネジメントシステム―手引
ISO22320	社会セキュリティ―緊急事態管理―危機対応に関する要求事項
ISO22398	社会セキュリティ―演習の指針

② 英国

　英国では，異常気象，伝染病などの自然による災害や人為的な災害に対処するために，緊急時における中央政府・地方政府の役割を強化し，国民の保護を図ることを目的として Civil Contingencies Act（CCA）2004 が制定され，民間緊急事態事務局（The Civil Contingencies Secretariat：CCS）の管轄下で施行されるなど，政府レベルの取組みが行われています。

　BS25999 は，BSI（British Standards Institution；英国規格協会）が事業継続マネジメントに関する国内規格として，ガイドラインである BS25999-1:2006 と，仕様である BS25999-2:2007 を発行しました。英国の認定団体である UKAS（United Kingdom Accreditation Service；英国認証機関認定審議会）は BS25999-2:2007 による第三者認証制度を開始しました。2010 年度からは日本でも JIPDEC（Japan Institute for Promotion of Digital Economy and Community；一般財団法人日本情報経済社会推進協会）を認定団体とした認証制度が開始されました。

　この規格の特徴は，品質マネジメントシステムに代表されるマネジメントシステムを取り入れた点にあります。この規格では BCM を平素運用するためのシステムとして BCMS（Business Continuity Management System）の考え方を明確に打ち出し，事業中断に至る事象が発生した場合の対応の「計画書」として BCP を位置づけています。なお，2012 年，国際標準規格 ISO22301 が発行したことにより BS25999-2 は廃止され，ISO22301 に代わりました。

③ 米国

　米国の連邦政府では，連邦緊急事態管理庁（Federal Emergency Management Agency：FEMA）が中心的な役割を果たして，各省庁・州がそれぞれの所掌事項のうち重要な業務を継続するための "Continuity of Operations（COOP)" の導入を推進しています。

　NFPA 1600 "Standard on Disaster/Emergency Management and Business

Continuity Programs 2016 Edition" は，全米防火協会（NFPA）が策定したものです。NFPA 内に 1991 年に設置された The Disaster Management Committee にて検討が開始され，その後，1995 年に "NFPA 1600 1995 Edition" として文書化されました。その後，数回の改訂を経て，現在の NFPA 1600：2016 がとりまとめられました。

この規格は，以下の特徴を持ち，この規格を準用した認証制度を非政府組織（例えば Emergency Management Accreditation Program：EMAP など）が運営しています。複数の州政府などの自治体が EMAP による認証を取得しています。

- 公的組織および民間企業などすべての組織を対象とする
- 地震，水害，疫病などの自然災害と危険物質の漏洩，テロなどの人為災害を想定するリスクの例として列挙しているが，これらに限られるわけではなく，実質的にすべてのリスクを対象とする
- 事業継続プログラム（Business Continuity Program）だけでなく災害緊急対応プログラム（Disaster/Emergency Management Program）もあわせて策定することとし，他の BCM 関連規格類と比較して災害緊急対応プログラムの占めるウエイトが大きい

また，米国国土安全保障省（DHS）が 2010 年度に公表した「民間組織におけるインシデント対応の審査および認証プログラム（PS-Prep：Voluntary Private Sector Preparedness Accreditation and Certification Program）」においては，BS25999 と ASIS SPC.1 の 2 規格とともに，NFPA1600 の 3 つの規格がこの認証制度で準拠する規格に選定されていましたが，2012 年に ISO22301 が発行したことにより，BS25999 に代わり ISO22301 が選定されました。当認証プログラムは，米国政府として正式な認証基準を定めることで，民間組織の業務継続能力や災害対応能力，緊急対応能力に関して一定レベルを担保することを目的としています。米国企業と取引のある企業は，将来的に同プログラムに則

した認証を求められるようになる可能性があります。

(4) 日本，米国，英国の事業継続推進団体
① 日本
「特定非営利活動法人事業継続推進機構：BCAO」
- 設立：2006年
- 目的：事業継続の普及・啓発，事業継続の専門家育成，事業継続に関する標準化
- 拠点：東京，大阪
- 会員数：個人正会員：551名，法人正会員：40社，法人賛助会員：30社，学生会員：2名，資格会員：1,160名（2017年3月31日現在）
- 活動目的：国内外の個人及び企業，政府その他の団体に対して，災害，事故，事件等のリスク発生時における事業継続（BC）の取組みの推進に資する事業を行い，経済・社会的被害の軽減及び地域社会における災害・危機管理対策の充実を図り，もって，国及び各地域の安全・安心・発展に寄与すること。
- 活動内容：事業継続啓発セミナーの開催及び講師派遣，事業継続専門家育成カリキュラム・教材の開発及び事業継続専門家育成講座の開催，事業継続に関する標準テキスト等の発行，事業継続を推進している個人・企業・自治体・団体を表彰する「BCAOアワード」の開催，事業継続に関する調査・研究，事業継続に関する最新情報の提供
- 資格制度
  ・事業継続初級管理者：「事業継続の基礎知識を取得し，事業継続とは何かを理解できる」レベルにあること
  ・事業継続准主任管理者：「自社の事業継続を推進するうえでの知識があり，事業継続の担当者の役割を理解している」レベルにあること
  ・事業継続主任管理者：「自社で事業継続の推進の実務を担える，事業継続

計画・体制維持管理ができる，企業間（部門間）で事業継続に関して共通概念で相互に理解できる，事業継続の策定・運用にあたり，必要に応じて事業継続コンサルタントと応対ができる」レベルにあること
・事業継続上級管理者：「自社で管理職・リーダーとして事業継続の構築の実務を担える，事業継続の維持管理ができる」レベルにあること

さらに今後は，事業継続指揮者（「実際に事業継続を発動する状態に陥ったときに，策定されている事業継続を実行できる」レベルにあること）の技能認定も検討されています。

② 米国
「Disaster Recovery Institute International：DRII」
- 設立：1988年
- 目的：事業継続管理者向けの教育プログラムと専門家の認定制度の実施
- 拠点：日本を含む世界78カ国に支部認定
- 資格制度 （出所：DRIジャパンHP：https://dri-j.jimdo.com/）
  ・ABCP（Associate Business Continuity Professional）
    この業界での経験が2年以下で，DRIIの「プロフェッショナル・プラクティス」において，エントリー（入門）レベルの実力の方のためのもの。
  ・CFCP（Certified Functional Continuity Professional）
    知識があり，2年以上の業務経験があることを証明した方のためのもの。「プロフェッショナル・プラクティス」の10項目のうち，3つの項目の経験が必要で，かつその中にコアとなる4項目（3：事業影響分析（BIA），4：事業継続戦略，6：事業継続計画の作成と導入，8：事業継続計画の演習と更新）のうち1項目が含まれ，実践的な経験を証明することが必要。
  ・CBCP（Certified Business Continuity Professional）
    知識があり，2年以上の業務経験があることを証明した方のためのもの。「プロフェッショナル・プラクティス」の10項目のうち，5つの項目の経

験が必要で、かつその中にコアとなる4項目（3：事業影響分析（BIA），4：事業継続戦略，6：事業継続計画の作成と導入，8：事業継続計画の演習と更新）のうち2項目が含まれ，実践的な経験を証明することが必要。

・MBCP（Master Business Continuity Professional）
知識があり，5年以上の業務経験があることを証明した方のためのもの。「プロフェッショナル・プラクティス」の10項目のうち，7つの項目の経験が必要で，かつその中にコアとなる4項目（3：事業影響分析（BIA），4：事業継続戦略，6：事業継続計画の作成と導入，8：事業継続計画の演習と更新）のすべてが含まれ，実践的な経験を証明することが必要。

〈参考〉「プロフェッショナル・プラクティス」の10項目
1．プログラムの開始とマネジメント
2．リスク評価とコントロール
3．ビジネス影響分析
4．ビジネス継続戦略
5．緊急対応とオペレーション
6．継続計画の実施と文書化
7．啓発と研修プログラム
8．ビジネス継続計画の演習，監査，維持
9．危機広報
10．外部機関との調整
＊用語はDRIジャパンの日本語訳による。

③ 英国
「The Business Continuity Institute：BCI」
● 設立：1994年
● 目的：BCMの普及啓発，BCMに携わる専門家の支援・育成，BCMガイドラインの提供

- 拠点：欧州（UK，オーストラリア，ドイツなど），米国，カナダ，シンガポール，香港，タイ，オーストラリア，日本　など
- 資格制度（出所：Business Continuity Institute HP：「BCI Membership Grade」）

    FBCI（Fellow of the BCI）
    ・MBCIとして5年以上，またはAFBCIとして2年以上の経験
    ・MBCP（米国の資格）として5年以上の経験（ただし，MBCIまたはAFBCIレベルで2年以上BCI会員の場合）
    ・事業継続に関する6つのプロフェッショナルプラクティスすべてにわたる10年以上の経験

    AFBCI（Associate Fellow of the BCI）
    ・以下のいずれか1つを満たしていること
    　―MBCIとして3年以上の経験
    　―MBCP（米国の資格）として3年以上の経験
    　―CBCP（米国の資格）として5年以上の経験
    ・事業継続に関する6つのプロフェッショナルプラクティスすべてにわたる7年以上の経験

    MBCI（Member of the BCI）
    ・以下のいずれか1つを満たしていること
    　―CBCI
    　―DBCI資格
    　―次のいずれかの資格を有していること　　MBCP/CBCP/ICOR CORS/MSc
    ・事業継続に関する6つのプロフェッショナルプラクティスすべてにわたる3年以上の経験

AMBCI（Associate Member of the BCI）
- 以下のいずれか1つを満たしていること
  - ―CBCI
  - ―DBCI
  - ―次のいずれかの資格を有していること　　MBCP/CBCP/ABCP/ICOR CORS/MSc
- 事業継続に関する6つのプロフェッショナルプラクティスすべてにわたる12ヶ月以上の経験，またはいずれか1つに関する2年以上の経験

DBCI/CBCI（Certificate of the BCI ／ Diploma of the BCI）
- CBCIの試験に合格　　BCIグッドプラクティスガイドライン」を学習し，試験に合格することで，取得できる。
- DBCI資格の保持　　バッキンガム新大学（Buckinghamshire New University）が提供する所定のBCI講座を修了することで認定される。

(5) 日本のBCP普及状況

　政府は，2020年までにBCP策定率を大企業でほぼすべて，中堅企業で50％以上という目標を掲げており，内閣府では定期的にアンケート調査を行っています。2015年度の「企業の事業継続及び防災に関する実態調査」によると，大企業・中堅企業ともにBCP策定済み企業は年々増加していることがわかります（図表1-8，1-9）。

　2015年度の調査では，大企業のBCPの策定済み企業は60.4％であり，初めて調査した2007年度時の約3.2倍となっています。一方中堅企業においては，2015年度の策定済み企業は29.9％であり，2007年の約2.4倍となっています。また，策定中の企業を含めた策定率は，大企業が75.4％，中堅企業が42.0％となっています。

●●●第1章　事業継続の普及と課題

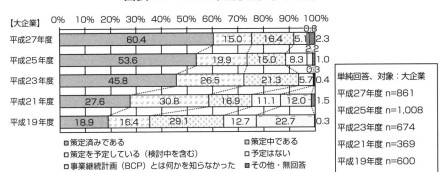

図表1-8　BCP策定状況（大企業）

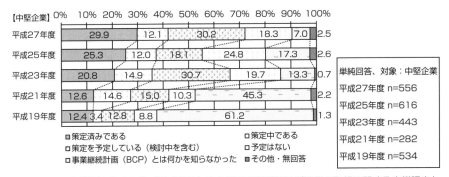

図表1-9　BCP策定状況（中堅企業）

出所：内閣府防災担当［2016］「平成27年度企業の事業継続及び防災の取組に関する実態調査」（3月），図表1-8，1-9共通。

　業種別のBCP策定率を比較すると「金融・保険業」「情報通信業」においてBCPの策定が進んでいます（図表1-10）。これらの企業は公共性の高い業種であるため，早くからBCP策定に取り組んできました。「製造業」は最終製品メーカーを頂点とする取引先企業の裾野が広い業界であり，まず大企業がBCPを策定し，中堅のサプライヤー企業を巻き込んでいくことにより，業界全体としての底上げが図られています（図表1-11）。

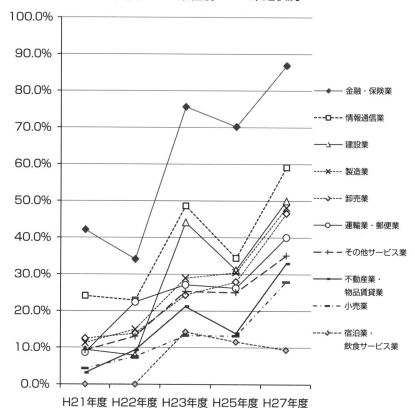

図表1-10 業種別BCP策定状況

注）回答数30社以上で連続性のある業種を表示。
出所：内閣府防災担当［2016］「平成27年度企業の事業継続及び防災の取組に関する実態調査」（3月）。

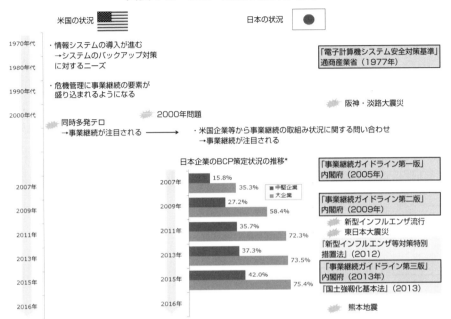

図表1-11　BCP普及の経緯まとめ

注）数値は「策定済みである」と「策定中である」の合計。
出所：内閣府［2016］「平成27年度 企業の事業継続及び防災の取組に関する実態調査」（3月）などから弊社作成。

7 企業がかかえるBCMの課題

　これまで見てきたとおり，事業継続への取組みは着実に拡大し進歩してきました。しかし一方で，事業継続に取り組む中で，新たな課題を抱える企業も少なくありません。

（1）経営者のBCMへの関与度合いが低い

　まず，経営者の関与に関する問題です。

　BCPを策定し，その後も経営管理活動の1つとして定着させていくために

は，相応の時間と労力，投資が必要です。そのために最低限すべきことは，体制を構築し，要員を確保することです。

内閣府の2013年度の「企業の事業継続及び防災の取組に関する実態調査」によると，経営者が関与している項目のうち，「全社的な体制構築」や「運用体制維持のための人員確保」については，約半数の企業が関与していると回答しています。残り半数の企業では，それさえも十分ではないということになります。経営者は，さまざまな機会にBCMに取り組む必要性とメリットに関して社内へ情報発信し，推進部門を支援していくことが求められます。重要な経営課題の1つとしてBCMを定着させていく努力を経営者は惜しまず，自らのスケジュールを確保して，積極的に参画することが必要です。

経営者が関与すべき事項には以下のようなものがあります。
- BCMを推進していくための社内体制の構築
 （担当部署の設定，推進要員の確保）
- 経営理念と整合するBCMの基本方針の策定
- ビジネスインパクト分析の結果に基づく優先事業，重要業務の選定と目標復旧時間（RTO）の決定（お客様，製品，サービスの優先順位づけ）
- 事業継続戦略の決定
- 事前対策の決定と必要な予算の充当
- BCP訓練への参加
- BCPの見直し・改善
- BCMの取組みに関する取引先等の利害関係者への情報発信
- 不測の事態が発生してBCPを発動した際の，戦略や対応策の的確な選択，または想定外事象への臨機応変な対応指示

（2）適切なBCM推進体制が構築されていない

防災を担当している総務部門や安全衛生部門がBCM推進部門となっている

第1章　事業継続の普及と課題

ケースがあります。事業継続は防災と異なり，製品の供給またはサービスの提供を継続することを目的としており，事業リソースの再配置という点で経営戦略の一部でもあります。したがって，事業部門の関与なしに防災担当部門だけで製品・サービスの供給継続のための戦略的な計画の策定を行うことは，多くの場合困難です。

　一方，製造部門や調達部門等の事業部門のみでBCMを推進している場合に，防災担当部門との連携が図れていないケースもあります。それぞれの領域

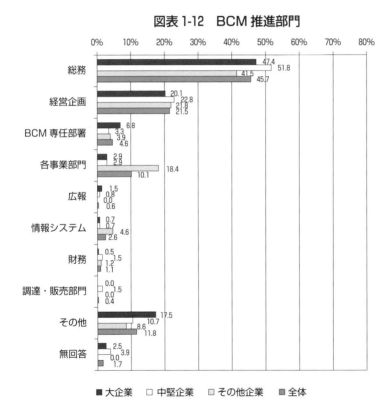

図表1-12　BCM推進部門

【単数回答，n=699，経営者のBCMへの関わりで，全社的な体制を構築，運営体制を維持する人員確保と回答した企業】

出所：内閣府防災担当［2014］「平成25年度 企業の事業継続及び防災の取組に関する実態調査」（7月）。

毎の検討が進んでいても,災害時には必ずその接点が必要となります。災害時の情報の共有方法や協力体制が決まっていない場合は,計画の実効性が危ぶまれます。ある企業では,その話し合いにおいて,互いの未検討事項の指摘合戦のようになったり,責任の押し付け合いになったりして軋轢が生じているケースさえあります。

　経営者が事業継続を推進する人材を社内からアサインする場合,関係するすべての部門からアサインすること,各部門が連携しBCM推進部門に対して協力するよう各部門長に理解・協力を得ることが必要です。そのうえで,全社的な視点で見渡せる経営企画部門やリスク統括部門を中心に据え,メンバーには防災担当と事業部門のBCM担当を選出することが理想です。

(3) BCPと名前がついているが,中身は防災計画

　災害時の安全確保,二次災害の防止,安否確認,通信手段の確保等といった防災計画と同様の内容のみで,優先事業や重要業務の継続または早期再開に向けた計画の記載がない文書を,BCPと称している会社がいまだに見られます。これでは,目標復旧時間内に製品供給・サービス提供の再開のための活動を確実に行うことができないのはいうまでもありません。

　他方では,被災想定のために集めた資料や,詳細な分析用フォーマットの束等の膨大な量の文書を合体させただけのBCPも時々見かけます。資料集のように分厚い文書では,肝心な計画が埋もれてしまい,実際に不測の事態が発生した時に活用できない可能性があります。加えて,継続的な文書の見直しや更新も容易ではないため,作ったきりそのまま放置され,そのうち内容が古くなり「使えない計画」に成り下がる可能性があります。

　また,重要業務や目標復旧時間(RTO)を定めていないものもあります。また,これらを定めていても,具体的な計画になっておらず実現性に乏しいため,目標復旧時間内の事業継続が不可能と思われるケースもあります。初めからきわめて高い完成度のBCPを目指すことは非常に多大なリソースや労力を

必要とするため,最初は不十分な箇所があることはやむを得ないかもしれません。しかし,そのような場合であっても,自社のBCPを着実に進歩させていくことが重要です。見直しを重ねるごとに,知恵を出し合いながら,完成度を高めていくべきでしょう。

なお,BCPは職場環境を元通りにすること,と誤解している人がいます。目的は重要業務を目標復旧時間以内に実施することであって,職場環境が整っていない中でも,何か別の方法で製品やサービスが顧客に提供できればいいのです。職場環境を元通りにするという事は手段の1つです。

(4) 既存のBCPの見直しができていない

人事異動に伴うBCP文書の修正や,社内の組織改正による,部門の分割・統合があった場合のBCP文書の見直しが行われずに放置されているケースが見られます。特にBCPの策定を担当したメンバーが人事異動等により担当から外れた場合によく見られます。

また,実際に災害が発生してBCPを発動した場合や,BCPにかかわる訓練を実施した際に,現状の課題や改善要望等の意見がもたらされますが,その改善作業がなかなか進まないというケースがあります。BCPを規程の1つとしており社内稟議の手続きが複雑で時間がかかる,という話もよく聞きます。BCPは継続的に見直し,改善することが前提ですので,環境の変化にあわせて速やかに修正できる文書としておくほうがよいでしょう。組織の機構改革は必ずあるので,策定段階から意識し,維持更新しやすくしておくことが重要です。

さらに,ガイドラインや規格の改訂に伴って見直しが必要な場合があります。内閣府の「事業継続ガイドライン第三版」は,前述のとおり,東日本大震災の反省やISO規格の公表に伴い,考え方が大きく変わりました。また,政府や自治体等が公表する被害想定も,最新の科学的知見を取り入れて随時更新されています。被害想定は従来よりも厳しい内容に改訂される傾向があるた

め，これらの改訂への対応を行わず，改訂前の被害想定のままでいると，想定外の甚大な被害を受ける可能性があります。この場合，顧客に対する説明責任を果たせなくなる状況も考えられます。

以下は，BCPの見直しのポイントです。

① 基本からBCPの見直しを

優先事業・重要業務の選定，目標復旧時間の設定等の基本事項は，一度決定したらそのままで良い訳ではありません。事業環境の変化に応じて再確認し既存の計画内容を見直す必要があります。また，地震だけでなく多種多様なリスクに対しても適用可能な内容にすることが望ましいでしょう。

② 最新の被害想定を参照すること

東日本大震災では，想定を大きく超える甚大な被害が発生したため，BCPが機能しないケースがありました。政府や自治体の被害想定やハザードマップ等は，常に最新の内容を参照するとともに，それらを上回る災害が発生する可能性をも認識する必要があります。また，日本全国には多くの活断層があり，未知の断層も多いため，全国どこでも震度6強の地震が発生することを前提におく必要があります。

③ 代替戦略が事業継続の鍵

BCPには早期復旧戦略と代替戦略の2つの主要な戦略があります。東日本大震災では，津波被害や原子力災害等があり早期復旧戦略では事業の継続が難しいケースが多かったことから，代替戦略の検討が不可欠であることが認識されました。生産工場や拠点の複数化やシステムのバックアップ体制の構築等はコストが嵩むため検討が後回しにされる傾向がありますが，中小企業を中心に，同時被災しない地域に所在する同業他社との提携を模索する動きが広がっています。

④ 本社機能の継続性確保・強化

　事業部門のBCP策定を優先し，本社機能に関するBCPの検討が遅れているケースがあります。また，本社機能のBCPを策定していても，被害想定を甘く見積り，本社建物の甚大な被害や要員の参集ができない等の可能性を考慮していない例が散見されます。本社機能が事業継続に不可欠な場合は，本社機能の代替性についても検討すべきでしょう。

⑤ グループ企業・取引先企業との連携

　サプライチェーンの維持を目的とした取組みを促進するため，自社のBCPとともに，グループ企業，取引先企業との連携が求められます。サプライヤーが被災した場合に備えて代替の仕入先，委託先を確保することや，場合によってはサプライヤーのBCP策定を支援することも必要です。

(5) BCPの周知と教育・訓練ができていない

　BCPを策定したのに，その検討にかかわった一部の人しかBCPの存在を知らないケースがあります。経営者が事業継続戦略の中身を知らないということもあります。また，一応作成したが未解決の部分があるため社内への公開は止めているというケースもあります。確かに，経営戦略であるBCPは守秘性も考慮する必要があります。BCPの内容によっては機密情報が含まれるため，その場合は，従業員や取引先にすべてもれなく公開する必要はないでしょう。重要なことは，企業としてBCP策定の必要性を認識しBCMに取り組んでいることを社内に周知すること，社員の危機感や緊急時対応の感度の向上を図ること，BCMの活動を全社的な経営管理の1つとして実施し組織に定着を図っていくことです。

　また訓練を実施して緊急時対応を模擬体験することも非常に重要です。東日本大震災でBCPが機能しなかった理由の1つに訓練不足があげられています。訓練を実施する目的は，組織対応力の向上や基本動作の確認，事業継続力

の向上，的確な状況判断等がありますが，あわせてBCPの問題点を抽出し改善するということもありますので，必ず訓練を実施すべきです。

しかしながら企業によっては，訓練を自社で企画し，実施することができない，実施できたとしてもその企業にとって最適な内容のBCP訓練となっていないケースが見られます。さらには，多くの企業において初動対応の情報収集訓練や，事業継続フェーズにおけるBCPの発動から重要業務の早期再開に向けた活動（代替手段への切り替えを含む）の検証，サプライチェーンと一体となった連携訓練等，事業継続の実効性を高めるための訓練は，なかなか実施できていないという現状があります。これらの訓練はやや難易度が高いため，中長期的な訓練の計画を立ててステップアップしていく必要があります。

（6）継続的改善の仕組みが構築されていない

BCMの実効性が確保されていない原因の1つに，継続的改善の仕組みが構築されていないことがあげられます。

先にも述べたように，機構改革や人事異動，事業構成や商品種別の変化等に対応するためには，BCPの定期的な見直しの仕組みが必要です。毎年1回は事業構成や売れ筋商品の変化を確認して，必要に応じてBCPを見直すことが求められます。

また，計画段階では実施するとされていた事前対策が，予算が確保されていないために実施できないということもよく聞きます。必要な経営資源をいつどのような形で確保していくのか，中長期的な観点でスケジュールを立て，1つひとつ実行していくことが求められます。

さらに，BCPは，訓練や実際の災害に遭遇した際に出てきた課題に対応して，継続的に改善していくべきものであることはいうまでもありません。訓練実施報告書や災害対応記録を着実に残し課題を整理する，課題の解決策を検討し実行計画を立てる等，BCP改善のための運用ルールを決めておくことが必要です。

(7) 中小企業ではBCPの策定率が低い

　地方公共団体や商工会議所などから，地元中小企業のBCP策定を促進するため，BCPの必要性や策定方法などを中小企業にもわかりやすく解説するセミナーの講演をお願いしたい，という依頼が増えました。特に熊本地震以降はこれまで比較的地震が少ないと思われていた地域からの要請が増えています。

　中小企業のBCP策定率はまだ低い状況にあります。BCPの策定がなかなか進まない理由としては，

- 必要性を感じていない
- BCPを策定するノウハウがない
- BCPを策定する要員を確保できない
- 費用がかかるばかりで利益に貢献しないと感じている

などがあげられます。

　中小企業は，大企業と異なり非被災地からの支援がなく，孤立無援となってしまうため，事業の早期再開に限界があるという声も聞かれます。自社復旧の計画だけではなく，いかに他社も含めた連携を構築するかというBCPが求められます。

Column 1

第三者認証の取得と事業継続

　企業が第三者認証を取得するメリットは，一般的には社内外に一定水準のマネジメントシステムを構築したことを示し，特に取引先，金融機関や投資家などから高い評価を得ることが期待できることにあります。ISO22301 や Column2（80 ページ）で紹介するレジリエンス認証についても，認証を取得したことでその企業が BCM を構築し万一の体制を整えたという信頼感を与えることは間違いありません。数多くの企業の中で，認証を取得しているところとそうでないところでは，取引先や銀行に与えるイメージは違ってくると考えられます。

　しかし，ISO22301 の日本国内の認証取得企業は，発行から 4 年以上が経過した 2017 年 7 月現在でも 94 社（日本語版である JISQ22301:2013 を含む）にとどまります。この背景には，事業継続特有の事情があると考えられます。

　事業継続では個々の業務の具体的な継続能力が問題になるため，たとえ認証を取得しても BCP の内容次第では取引先から認証が評価されない場合があります。例えば目標復旧時間を 2 週間として定め，認証を取得したとします。しかし，ある部品の取引先から，目標を 1 週間としてくれなければ取引しないといわれれば，その限りでは認証を評価してもらうことは難しいでしょう。また仮に，目標復旧時間を 1 週間と定めても，第三者認証はあくまで目標の達成能力を維持し，継続的に改善できる能力を認めたものにすぎず，実際に災害時に 1 週間での事業継続が達成されるという保証ではないという仕組み上の限界もあります。

　さらに，もう 1 つ基本的なポイントがあります。取引先・発注者からみて重要なのは，相手先の BCP で定めている優先事業に自社への製品・サービスの供給が含まれているかどうかということです。もし自社への製品・サービスが対象外だった場合は，いかに第三者認証を取得していても，その BCP は意味がないものになってしまいます。

　以上を踏まえると，取引先は BCP の認証取得だけでは満足せずに，内容に

まで踏み込んで調査してくることが考えられるでしょう。実際，大手製造業の中には，取引先が実効的な事業継続能力を持っていることを確認するため，購買部門の社員等により取引先の評価・監査体制を構築しているところもあります。

このように第三者認証は一部の取引先が満足しないケースもあり得ます。しかし，世界中にサプライチェーンが展開され，数次先にわたる商流の完全な把握が難しい現状では，簡易な取引先選別方法として認証取得が一次選抜の役割を担うことも考えられます。また，定期的な更新が必要とされる第三者認証においては，更新の手続きを事業継続体制の継続的改善の指標として利用することもできます。

それぞれの企業においては，認証取得のメリット，デメリットをしっかり把握したうえで取得を検討することが求められています。

第2章 事業中断を引き起こすさまざまなリスク

1 事業中断を引き起こすリスク

　日本は地震多発国であり，従来から，地震に対する防災活動が企業等でも行われてきました。このため，わが国のBCPへの取組みが始まった時も，地震リスクを対象としたBCPが先行して進められてきました。

　しかし，事業中断を引き起こすリスクは地震だけではありません。例えば欧米では，工場火災や情報システムの停止等のリスクを想定することが多く見られ，また，国や地域によってはテロやストライキ等の政情不安を反映したリスクを優先的に取り上げることもあります。

　ここでは事業中断を引き起こす可能性のある，考慮すべきリスクについて説明します。

1）地震・津波

　日本で活動する企業は避けて通れない，優先順位の高いリスクです。内閣府では，全国どこでも震度6強の揺れに備えることを推奨しています。地震の揺れによる被害だけではなく，地震による津波，土砂崩れ，火災等による被害も深刻です。自社の主要拠点が被災により長期間使用できないことを想定した代替戦略の検討を行うことが肝要となります。

　また，地震や津波は広域災害のため，自社のみならず，取引先，ライフライン，物流等が広範囲にわたり同時に被災することを念頭におく必要があります。このため，自社のみに影響を及ぼすリスクよりも検討の難易度が高くなります。

2）風水害

　風水害が毎年のように発生しています。集中豪雨の発生回数も増加傾向にあり，これは，地球温暖化の影響ともいわれています。大規模河川の洪水などに加えて，中小河川の氾濫や下水の処理能力を超えた内水氾濫がいたるところで発生する可能性があります。また，台風だけでなく，竜巻や大雪等の発生頻度が大きくなってきているとの指摘もあります。

　近年発生した河川氾濫には，2000年の東海豪雨や2015年の関東・東北豪雨，2016年の北海道，東北豪雨などがあり，土砂災害では2014年に広島を襲った平成26年8月豪雨や，2017年7月の九州北部豪雨があります。2005年のハリケーンカトリーナによるニューオリンズ市の水害や2011年のタイの水害等のように，被害が広域に及ぶ場合は，地震と同様に取引先やサプライチェーンおよびライフラインの被災を想定する必要があります。

3）火山噴火

　日本には活火山が111あります。活火山とは，「概ね過去1万年以内に噴火した火山及び現在活発な噴気活動のある火山」のことですが，これらの中には，いつ噴火してもおかしくないと考えられている火山があります。火山噴火のリスクにおいて，事業継続上の考慮点は3つあります。

①火山の近傍に拠点がある場合

　火山の近傍に拠点がある場合，溶岩流出や火砕流，山体崩壊，大量の火山灰，軽石等で拠点が全壊する可能性があります。

　溶岩の流出や火砕流による影響等で拠点が焼失，あるいは立ち入り禁止となったりするなど，長期間にわたり生産やサービスの供給が停止する可能性があります。日本では2000年の有珠山噴火の際に洞爺湖温泉街などが半年間程影響を受けた事例があります。

②広範囲にわたる降灰

　広範囲にわたる降灰によりライフラインの停止などが発生し、事業拠点のみならずサプライチェーンが同時に影響を被る可能性があります。

　江戸時代に発生した富士山の噴火（宝永噴火）では広範囲に降灰があり、当時の江戸でも2週間で数センチの火山灰が積もりました。火山灰にはガラス質が含まれているため人の肺や目に健康被害を起こす可能性があります。また、火山灰により電気や水等の供給停止、電子機器の故障、電車やバス等の交通機関の運行停止などが引き起こされる可能性が指摘されています。後述するアイスランドの火山の噴火では、大気中を漂う火山灰の影響で長期間航空機が運行停止となるなど、物流や人の移動に影響が生じました。

③カルデラ噴火（破局噴火）による広範囲の壊滅的被害

　カルデラ噴火（破局噴火）とは、数万年に1度の巨大噴火のことです。例えば、九州の阿蘇山で発生すると、火砕流が遠く山口県まで襲う可能性があるなど、広範囲に甚大な影響が生じるといわれています。日本では、1914に発生した桜島の大正大噴火が有名ですが、その火山灰は仙台にまで達しています。このような巨大噴火は日本列島全体に壊滅的な被害を与える可能性があります。

4）火災・爆発

　火災・爆発は、欧米では事業継続上の主要なリスクの1つです。自社における火災・爆発のほか、2016年の糸魚川市大規模火災のような市街地の大火のリスクもあります。また、工場、倉庫、本社社屋等の重要拠点の被災対策を検討することも重要です。近年発生した半導体製造工場の火災事故や自動車産業のサプライヤーの火災事故では、代替生産を行うことで被害を最小限に止めています。

5) テロ

　欧米では米国同時多発テロをはじめ，ロンドン同時多発テロ，フランスの連続テロ，バルセロナでの車両突入テロ等，大都市でのテロが発生しています。日本では1995年に地下鉄サリン事件がありました。また，2013年のアルジェリア人質事件や，2016年のバングラデシュ・ダッカの人質テロでは現地にいた日本人も犠牲となりました。トルコなどではテロの他にもクーデター未遂や暴動等の地政学的リスクもあります。テロは人命を奪うだけでなく，危険地域への人の立ち入りや物流の制限による事業中断を引き起こす可能性があります。

6) 感染症

　重症急性呼吸器症候群（SARS）や新型インフルエンザ等はパンデミックを引き起こす可能性があります。最近では中東呼吸器症候群（MERS）やジカ熱，デング熱等の感染症も話題になりました。2009年の新型インフルエンザA/H1N1の大流行では，幸いにも致死率は高くなく社会への影響が限定的であったことから，パンデミック対応の経験値を十分に積むまでには至りませんでした。日本では新型インフルエンザ等対策特別措置法が整備され，この中で，社会機能維持事業者は事業継続の取り組みが求められています。感染症の場合は経営資源である人（社員等）の感染状況を軸に被害想定を行い，クロストレーニングや多能工の育成等の代替性を考慮した対策が必要となります。なお，新型インフルエンザ等対策特別措置法では，社会機能維持事業者に事業の継続を求める一方で，人々が集まる百貨店や遊興施設，学校等については2週間をめどに休業等の要請を発令することになっています。自社の業種の位置づけを確認してしかるべき対策を講じる必要があります。

7) 業務委託先，仕入先・サプライヤーの事故・災害および倒産

　東日本大震災や熊本地震，タイ水害等では，サプライヤーの操業停止により

部品調達ができず，事業中断した企業が多くありました。自然災害に限らず，近年でもサプライヤーの事故・災害による操業停止の影響で完成品メーカーが一時期生産停止となった事例が発生しています。

　また，主要な業務委託先や部品・資材の仕入先，サプライヤーの倒産により，発注した部品などが入手できなくなることへの対応が必要となります。特定の部品供給会社の生産量が被災等により減少し，発注契約や取引関係により，部品を回してもらえない事態が起きたこともあります。

8）停電および電力不足

　送電ケーブル切断，ケーブル火災，道路の陥没等で広域に停電が発生することがあります。その他，サイバー攻撃やさまざまな原因で停電が発生します。企業では非常に多くの業務が電力に依存していますが，停電による影響は業務の中断だけではなく，機器やシステムの故障，誤作動，データの消失等にまで及びます。東日本大震災では長期にわたる電力不足への対応を余儀なくされましたが，新興国では日常的に電力量が不足気味のため，計画停電を織り込んで生産計画を立てていることが多くあります。内閣府の「事業継続ガイドライン第三版」でも長期にわたる電力不足や渇水等のリスクの事例を明記しています。停電や電力不足の場合は数ヵ月以上の長期にわたってBCPを発動し続けることが必要となる場合があります。

9）雷害

　事業拠点から離れた場所への落雷であっても，雷サージと呼ばれる誘導電流が架空線等を通じて施設内部に流入し，主に電子機器をはじめとする電子系統に被害を与える場合があります。電源設備が被災した場合，修理に時間がかかるため長期間の操業停止の可能性があります。2016年には病院への落雷により病院内の主要な設備が被災したため，百名近くの入院患者が近隣の他の病院に転院した事例があります。

10) 運送貨物の事故

　生産した製品や部品，原料等が，物流施設のトラブルや運送中の事故等により配送の中断や遅延を生じることがあります。国内の単独事故であれば事業継続への影響は小さいかもしれませんが，製品等が特注品で輸出入が絡む場合には，長期の製造停止となる可能性もあります。

11) サイバー攻撃などによる情報システムの停止

　欧米の企業・組織がBCPにおいて想定している主要なリスクの1つです。多くの産業で情報システムへの依存度が高くなってきていることから，情報システムの停止による業務中断の可能性は高まっています。情報システムが停止する原因はさまざまですが，プログラムの設計ミス，コンピュータ機器の故障，入力ミスなどの事務ミスのほか，通信線を工事で誤って切断したり，通信業者の設備故障などで通信がマヒすることがあります。ジャストインタイムで稼動している製造業などでは，情報システムの停止で受発注が滞り影響が生じた事例があります。最近はサイバー攻撃の被害が急増しており，企業としては対策を欠かすことができません。サイバー攻撃による情報の漏えい等の被害の拡大防止のために，公共のネットワークから自社のネットワークを遮断したり，システムを停止したりせざるを得なくなれば，その結果として事業の中断が発生します。また，マルウェアによるデータの改ざんや破壊，ランサムウェア（身代金要求型ウイルス）によるデータの利用不能なども，事業継続への影響が避けられません。

12) 設備の故障・不調による事故

　主要な機械設備に故障等が発生し，工場の生産が止まる事例があります。設備が特注品であったり，修理部品が海外から輸入しなければならない場合，工場の再稼動に数ヵ月要することもあります。

13) ストライキ

　欧米では，労働者によるストライキは事業中断を引き起こす重要なリスクの1つに位置づけられています。特に港湾労働者のストライキなどは大規模なものがあり，その場合は荷揚げ地を変更するなどの対策を立てることが多くありますが，税関の通関手続き等に手間や時間がかかることがあります。新興国では，賃金格差などの理由で工場の労働者がストライキを起こす事例が発生しています。

14) その他

　このほか，最近では中国の天津の港の倉庫街区で大爆発があり，倉庫の被災のみならず税関機能なども被災し輸出入に影響した事例があります。

2 過去に発生した事業中断リスク
(1) バンコク暴動（2010年4月〜5月）

　2010年4月，元首相であるタクシン氏を支持する政治団体が組織したデモ隊がバンコク中心部を占拠し，非常事態宣言が出される事態にまで発展しました。デモ隊が5月19日に強制排除されるまでの間，軍との武力衝突等も発生し，87人が死亡，1,400人以上の負傷者を出すとともに，タイ経済に甚大な影響を及ぼしました。

　以下，事態の経緯・企業活動への影響を概観します。なお，タイではこの事件の後も政情不安定が続き，2015年にもバンコクの繁華街でテロが発生しました。

〈事態の推移〉
- 2006年9月，国軍のクーデターによりタクシン政権が崩壊して以降，タイでは親タクシン派と反タクシン派間の政治的混乱が続いた。

- 2010年2月に最高裁判所がタクシン元首相一族の国内資産の約60％を没収するとした判決を言い渡すと，親タクシン派の政治団体である反独裁民主主義同盟（National United Front of Democracy Against Dictatorship，以下UDD）による抗議活動が一気に活発化した。
- 3月に入り，UDDは大規模デモを毎週末のように動員，数万人規模のデモを複数回実施した。デモ隊によって自動車・バイク等でバンコク市内を行進する等，市民活動にも影響を与える事態に発展した。
- 3月中旬以降，アピシット政権の退陣・国会解散等を求め，バンコク市内で座り込みを始め，一帯を占拠するに至った。4月にはデモ隊の活動はさらに拡大，一部がバンコクのビジネス・商業地域の中心部であるラチャプラソン交差点上に居座り，周辺地域を占拠する事態となった。
- 4月10日には治安維持部隊との大規模な衝突が発生し，混乱に巻き込まれた日本人ジャーナリストを含めて21人（最終的に25人）死亡，800人超の負傷者が発生した。
- 5月19日，治安部隊がUDDによるデモ占拠地域の強制排除を開始した。その際，治安部隊による実力行使を受けたUDD幹部は解散を宣言したが，デモ参加者の残党がバンコク都内の映画館・証券取引所・銀行・テレビ局等に放火した。また，在留邦人が多く居住する地区にも乱入したが，同日夜，タイ政府が夜間外出禁止令を発令したことにより，翌日にかけて，事態は収束に向かった。

〈企業活動への影響〉（図表2-1）
- タイへ進出している日系企業数は5,000社以上，在留邦人数は4万人以上に達している。このため，本暴動はタイ経済のみならず，日系企業の活動にも影響を与えた。
- 日本外務省がバンコクの危険情報を「十分注意してください」から「渡航の是非を検討してください」に引き上げた4月23日頃から，各社の対応

が始まった。特に多かった対応としては，日本からのバンコクへの出張自粛であった。
- バンコク市内，特に，ビジネス・商業地域の中心部がUDDの占拠の対象となったことで，小売業が大きな被害を受けた。店舗の休業を余儀なくされ，入居ビルが放火被害を受けたケースも見られた。一方，日系企業事務所のほとんどは，占拠地域周辺にあっても5月上旬までは通常通りの営業が行われた。しかしながら，UDD強硬派のリーダーの1人が狙撃され，さらにデモ隊占拠地域付近で銃撃・爆弾により死傷者が発生した5月13日を契機に，日系企業の対応は大きく変化し，臨時事務所を郊外に開設する等の対応が行われた。また，一部では帯同家族を一時帰国させるケースも見られた。
- バンコク市内が緊迫化する一方で，近郊に工場等を操業している日系企業では，ほとんど影響がなかった。

暴動の直接の影響を受けた日系企業は多くはありませんでしたが，企業としての対応には以下のような課題が見られました。
- タイ国内で報道管制が行われたことにより，現地側による情報入手が遅れ，デマも数多く流布し，かえって日本本社の方が早く正確な情報を取得できたケースが多かった。このため，現地の判断を日本本社側が支援，リードする必要があった。
- タイでは以前から数多くの政変・デモが行われていたため，現地の在留邦人の多くが，デモがこれほどまでに過激化するとは予想しておらず，事態の推移を楽観視していた。このため，「最悪の事態」を想定して危機対応の準備を行っていた企業は少数であり，多くが事態悪化後に本格的な対応を開始した。

図表 2-1　日本企業における影響（5/26 時点）

4/3	百貨店：店舗周辺の道路がデモ隊に占拠され，営業停止。
4/23	自動車メーカーA：日本法人事務所，4／23〜24休業。 電機メーカー：営業事務所従業員に対して，自宅待機を指示。
5/12	バンコク日本人商工会議所：ホテルへ仮事務所を設置。
5/14	商社：5／14 現地事務所閉鎖，郊外へ事務所設置を検討（5／19 に臨時事務所設置），従業員は自宅待機。 自動車メーカーA：日本法人事務所，5／14〜21休業。 自動車メーカーB：日本法人事務所の閉鎖，社員を郊外工場へ避難。 電子機器メーカー：販売会社事務所を5／14から休業。 機械メーカー：生産拠点を5／14から休業。
5/17	精密機器メーカー：グループ会社従業員の家族を5／20までに一時帰国させることを決定。
5/18	金融機関：バンコク市内の店舗を閉鎖。
5/19	電機メーカー：バンコク市内に臨時事務所を設置。 素材メーカー：チェンマイを除き，タイへの出張を禁止。 百貨店：テナントとして入居するビルが放火され火災発生。
5/20	自動車メーカーC：バンコク郊外の生産工場は終日休業，新設中の工事も中断，5／21から再開。 自動車メーカーD：バンコク郊外の工場において終日休業。
5/23	ショッピングセンター等において放火・焼き討ちがあった区域では，朝から路上や建物に残された大量のゴミについて，市民がボランティアによる掃除を実施。
5/24	鉄道や地下鉄などの公共交通機関が始発からおおむね再開。 在タイ日本大使館：23日夕方仮事務所を閉鎖，24日朝から日本国大使館において窓口業務を再開 商社：通常の体制で業務を再開。 金融機関：窓口での業務を再開。
5/26	バンコク日本人商工会議所：通常の事務所で業務再開。

出所：東京海上日動火災リスクコンサルティング㈱［2011b］「海外進出企業に求められる危機管理体制」。

（2）アイスランド火山噴火（2010年4月）

　2010年4月14日（現地時間），アイスランドのエイヤフィヤトラヨークトル火山が噴火し，火山灰がヨーロッパ全域に広がりました。火山灰は約7,600～9,100mの上空に達し，偏西風の影響を受け英国およびヨーロッパ北部各国に広がりました（図表2-2）。このような状況下で航空機が運行した場合，ジェットエンジン内に火山灰が吸い込まれ，エンジンの停止を引き起こすことがあります。そのため，ヨーロッパの航空管制を統括するユーロコントロールの判断により，ヨーロッパ各国の主要空港の閉鎖や飛行制限処置がとられました。

　この処置により，延べ9万便以上の航空機の運航が影響を受けました。また，航空貨物便にも欠航が相次いだため，部品の輸出入の中断により，欧米企業をはじめ日系企業の工場操業等にも影響が生じました。

図表2-2　英国気象庁発表の火山灰拡散予測

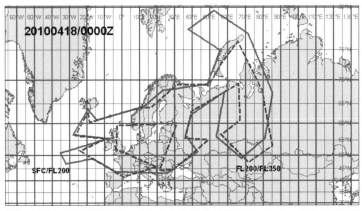

注）実線は高度約6,000mまでの火山灰の浮遊状況であり，点線は高度約6,000mから10,000mまでの状況を示している。
出所：英国気象庁（2010年4月18日）。

〈企業活動への影響〉

 4月14日に発生した大規模噴火により，大量の火山灰が欧州の広い地域に拡散しました。欧州の多くの空港が閉鎖されるに従い（図表2-3），日本を含めた世界各国の企業は自社への影響を確認する作業に追われる事態となっていきましたが，その作業は次の理由から困難を極めました。

 理由の第一に，偏西風の影響で火山灰の拡散範囲は時々刻々と変化するため，各国の主要空港の閉鎖状況もそれと同時に変化したことが挙げられます。加えて，欧州と直接輸出入している製品については，空港の閉鎖状況を確認することで自社への影響を把握できましたが，第三国から欧州の空港を経由して日本に輸出入される製品については，現在どの空港や倉庫に製品が保管されて

図表2-3 アイスランド火山噴火と航空運航に関する影響

日時	内容
2010年3月20日 22時30分頃 （現地時間）	・アイスランド首都レイキャビク（Reykjavik）東約125kmにあるエイヤフィヤトラヨークトル（Eyjafjallajökull）氷河にある火山が噴火。 ・この噴火により溶岩・火山灰が噴出し，近隣住民約600人が避難。 ・アイスランドの航空便全便が一時欠航。 ・21日午後（現地時間）までに国際便，国内便ともに運行が再開。
2010年4月14日 午前1時 （現地時間）	・エイヤフィヤトラヨークトル（Eyjafjallajökull）氷河にある火山が再び大規模噴火。 ・氷河の一部が溶解し，二度の大規模な洪水が発生。近隣住民約800人が避難。 ・アイスランド国内のすべての空港が閉鎖。
2010年4月15日 午前3時 （現地時間）	・英国北部のスコットランドの全空港が閉鎖。15日当日に運航予定の約7,000便が欠航。 ・15日以降4月21日までに，欧州各国で述べ99,718便が欠航。
2010年4月21日	・EU運輸相理事会（4月19日開催）の合意に基づき，一部の国を除き大半の国で空港閉鎖を解除し，運航を再開。

出所：新聞報道などをもとに弊社作成。

いるのか,どの空港を経由して製品が運ばれるのかを特定することが難しいという事情もありました。

結果的には,欧州からの輸出入もしくは欧州の空港を経由する貨物の移動が大幅に制限され,電機メーカーや自動車メーカーを中心に国内外の工場が停止する事態となりました（図表2-4）。また,特に北欧の企業では,多くの海外出張者が帰国できない状態が続き,インターネットや電話などによる「遠隔勤務」で業務を行うことを余儀なくされました。

図表2-4 アイスランド火山噴火による各企業における主な影響

業種	影響の内容
国内	
部品メーカー	欧州向けモータ類の輸出停止
部品メーカー	欧州向けコンデンサの輸出停止
部品メーカー	欧州向け光電子部品の輸出停止
化学メーカー	液晶向け特殊フィルム,半導体素材の輸出停止
電機メーカー	欧州向けノートPC,通信機器の輸出停止
百貨店	スイス産高級チョコレート,イタリア産チーズ欠品
食品卸売	ノルウェー産サーモンの入荷停止
医薬協会	がんの転移診断に使う放射性医薬品の原料「モリブデン99」の輸入停止
国外	
自動車メーカー（ドイツ）	南アフリカと欧州からの部品空輸停止により,ドイツ3工場と米国1工場が生産停止（約7,000台の生産遅れ）
自動車メーカー（英国）	部品の空輸が遅れたため,日本市場向けの新車種の発売を1ヵ月延期
ホテル（アラブ首長国連邦）	宿泊客のキャンセルのため,高級ホテル開業を1週間延期

出所：新聞報道などをもとに弊社作成。

(3) 東日本大震災（2011年3月）

　2011年3月11日14時46分，宮城県牡鹿半島の東南東130km付近を震源とするマグニチュード9.0という，本邦観測史上最大規模の地震が発生しました（図表2-5）。この地震によって引き起こされた大津波は，十数メートルを超える高さとなって東日本太平洋沿岸各地を襲い，人々や建物などを飲み込み，さらには原子力発電所からの放射性物質の漏洩事故も引き起こすなど，未曾有の被害を発生させました（図表2-6）。

図表2-5　東日本大震災の概要

```
1 地震の概要
 （1） 発生日時 平成23（2011）年3月11日（金）14時46分
 （2） 震源および規模
  三陸沖（北緯38度06.2分，東経142度51.6分，深さ24km）
  モーメントマグニチュード Mw9.0
 （3） 各地の震度（震度6弱以上）
  震度7　　　宮城県北部
  震度6強　　宮城県南部・中部，福島県中通り・浜通り，茨城県北部・南
　　　　　　　部，栃木県北部・南部
  震度6弱　　岩手県沿岸南部・内陸北部・内陸南部，福島県会津，群馬県
　　　　　　　南部，埼玉県南部，千葉県北西部
2 被害状況等
 （1） 人的被害
  死者 15,894名
  行方不明 2,546名
  負傷者 6,156名
 （2） 建築物被害
  全壊 121,852戸
  半壊 281,042戸
  一部破損 727,391戸
```

出所：気象庁［2011］「東北地方太平洋沖地震による津波被害を踏まえた津波警報改善に向けた勉強会」（5月19日），警察庁［2017］「平成23年（2011年）東北地方太平洋沖地震の被害状況と警察措置」（2017年9月8日）。

図表2-6　東日本大震災のライフラインへの影響

ライフラインの種類	3.11当日	復旧期間（※）
電気（東北電力管内）	停電約450万戸	約6日間
電気（東京電力管内）	停電約405万戸	約2日間
ガス（都市ガス）	供給停止約46万戸	約55日間
水道	断水約140万戸	約40日間
通信（固定電話）	不通約100万戸	約14日間
鉄道（新幹線）	―	約40日間
鉄道（在来線）	―	約45日間

※通常は95％の状態に戻った時点で算出することが多いが，東日本大震災では津波で壊滅した地域の復旧のメドが立っておらず，便宜的に約9割の状態で算出した。
出所：中央防災会議［2011a］「東北地方太平洋沖地震を教訓とした地震・津波対策に関する専門調査会第1回会合資料」（5月）。

1）社会や企業全体への影響

〈人に関する影響〉

① 安否確認

　地震や津波の被害のあった地域では，通信ビル設備や電柱，ケーブル，携帯電話基地局の損壊・流出等により通信が途絶しました。被害が甚大ではなかった地域でも，固定電話[1]や携帯電話は電話会社による通信制限・通信途絶等により，つながりにくい状態が続きました。このため，安否確認システムの確認メールが届かない，ウェブサイトにアクセスできないなどにより，災害時のための備えが十分に機能しなかったケースがありました。一方で，比較的PHSがつながりやすかった，インターネット掲示板や衛星携帯電話を安否確認に活用したなどという声もあり，複数の手段を確保しておくことの必要性が認識されました。

② 帰宅困難者

　震源から約400km離れた東京都心部では，地震当日に公共交通機関が停止

1）固定電話は2日後の3月13日が不通のピークとなった。

したことにより，帰宅困難者が大量に発生しました。徒歩で帰宅する人が道路にあふれ，車で移動する人が急増したことにより大渋滞が発生し，緊急車両の通行が妨げられるなどの問題が発生しました。

これにより，今後，発生が予想されている首都直下地震に備え，東京都では，3日分の飲食料の備蓄とともに，基本的には帰宅させないことを企業に求める条例が2013年4月に施行されました。この一斉帰宅の抑制については，国と東京都等の自治体および事業者で構成されている首都直下地震帰宅困難者等対策協議会より，最終報告が2012年9月に公表されています。

③ 要員の参集

地震・津波による死傷者の発生や，従業員の自宅の被災，公共交通機関の停止等により翌日以降の参集が困難となり，事業継続のための要員が不足した企業が多く見られました。人命安全が重要なことはいうまでもなく，適切な避難行動を行うことや，無理な帰宅・参集をしないこと，自宅の防災対策も重要な視点です。

〈電力不足による影響〉

発電所等の被災により東京電力および東北電力管内で供給力が不足したことから，東京電力管内では計画停電が実施されました。これにより，企業や家庭において停電したほか，鉄道の一部運休や，信号機の滅灯，街路灯の消灯等があり，国民の生活に大きな影響を及ぼしました。電気を大量に消費する電炉業界や，絶え間ない業務継続が求められる金融機関，データセンター等では，関西など他の地域に一部機能を移転する動きも見られました。電気の連続供給が不可欠な発酵食品や一部の半導体製品の製造においては，生産計画の見通しがたたなくなった企業もありました。多くの企業が事業所の消灯などの節電に取り組み，計画停電のない土日・夜間に勤務シフトを変更したりするなど，多くの対策をとることとなりました。

〈放射能漏洩問題〉

　原子力発電所の事故に伴う放射性物質の放出・拡散により，避難区域に立地している企業はそこで業務を維持することができなくなるなど，非常に大きな影響を受けました。中には工場を閉鎖して従業員をグループ会社へ転籍させた企業もありました。また，避難区域の周辺で生産された製品は，取引の停滞や解約が発生したり，輸出の際に放射線検査を要求されたりするケースが生じました。

〈燃料不足〉

　製油所や油槽所が被災し操業停止したことで，被災地および首都圏を中心に燃料不足が深刻な問題となりました。このため，物流に支障が生じ，人，食料，支援物資等のすべての流れが滞りました。また，ガソリンスタンドの店頭では給油待ちの車が長蛇の列を作るなど混乱が広がりました。

〈経済被害〉

　経済被害については，政府系の機関，シンクタンク，金融機関等による被害額推計が公表されていますが，内閣府が2011年6月24日に発表したところによると，被害額は16.9兆円と推計されています（図表2-7）。内訳は住宅を

図表2-7　被害額推計の比較

		東日本大震災（内閣府（防災担当））	阪神・淡路大震災（国土庁）
建物等		約10.4兆円	約6.3兆円
ライフライン施設		約1.3兆円	約0.6兆円
社会基盤施設		約2.2兆円	約2.2兆円
その他	農林水産	約1.9兆円	約0.5兆円
	その他	約1.1兆円	
総計		約16.9兆円	約9.6兆円

出所：内閣府防災担当［2011］「東日本大震災における被害額の推計について」（2011年6月24日）。

含む建築物等が10.4兆円, ライフライン施設1.3兆円, 社会基盤施設2.2兆円, 農林水産関係1.9兆円, その他1.1兆円, 合計16.9兆円となっています。この額は阪神・淡路大震災の推計額の約1.8倍にものぼります。

2) 企業への具体的な影響

〈サプライチェーンの途絶〉

この震災による企業活動への最も大きな影響の1つとして, サプライチェーンの途絶があります（図表2-8）。サプライチェーンの途絶により, 国内外の自動車, 機械, 電機を中心とするさまざまな業界で部品や原材料不足が生じ, 被災地以外に拠点を持つ企業においても操業停止や操業縮小を余儀なくされました。ほぼすべての業種において, サプライヤーやグループ会社の被災, 物流

図表2-8 サプライチェーン全体に波及する震災の影響

区分	品目	内容
素材	エチレン	○V社 (v事務所) 等 ○5月に再開済み。
素材	過酸化水素水	○C社 (c工場) 等 ○当初の予定通り, 定期修理中。6月末より生産再開。
素材	黒鉛 [90%] (電池負極材料)	○D社 (d事務所) [48%] 等 ○被災後, ただちに設備回復。原料調達し, 生産を再開。
素材	極薄電解銅箔 [100%] (透明電極母材)	○G社 (ga工場) [20%], H社 [18%] 等 ○多くの工場で生産停止。現在, 日本の企業では約9割の生産。復旧中の工場については, 順次再開予定
素材	ITOターゲット材	○G社 (gb工場) [40%] 等 ○順次立ち上げ中。7月末にフル稼働。
素材	特殊ゴム (EPDM)	○E社 (e工場) 等 ○設備は回復。5月に生産再開済み
素材	シリコンウェハ [66%]	○A社 (a工場) [33% (社全体)], B社 (b工場) [29% (社全体)] 等 ○大きなシェアを持つ工場の生産が一部停止。現在一部復旧, 操業再開。海外企業にも影響。
素材	人工水晶 [100%]	○I社 (i工場) [50% (社全体)], J社 (j工場) [22% (社全体)] 等 ○上工程は順次再開。下工程は順次フル生産へ移行。
中間部素材	リチウムイオン電池	○W社 (wa工場, wb工場, wc工場) [20%], X社 (X工場) 等 ○工場の一部被災や, 計画停電の影響で操業を停止していたが, 順次生産を再開。
中間部素材	半導体	○L社 (l工場) 【マイコン30% (社全体)】, M社 (M工場) 【NC用チップ60%】等 ○L社 (l工場) は, 当初より大幅前倒しし, 6月初旬開見込み。
中間部素材	液晶パネル	〈中小型液晶パネル〉【スマートフォン向け約70%】 ○P社 (p工場), Q社 (q工場) 等 ○被災により生産停止。4月末に全面操業再開。 〈大型液晶パネル〉 ○R社 (r工場) ○4月松から順次操業再開。
最終製品	自動車	○約57兆円 ○約100万人 ○現在, 5～8割の生産。6月頃から順次生産を回復。10月～12月頃までには生産正常化の見込み。
最終製品	液晶テレビ・スマートフォン	○一部の部品メーカーが被害を受けたが, 生産には特段の問題はない。
最終製品	家電・エレクトロニクス	○約31兆円 ○約75万人 ○操業を再開している企業も多数。
最終製品	産業機械	○約22兆円 ○約86万人 ○震災後, 多くの事業所で生産を再開。

〈凡例〉：国内生産額：兆円、国内従業員：万人　［シェア］：世界シェア

出所：経済産業省［2011a］「産業構造審議会基本政策部会（第3回）資料3」（5月31日）。

網の混乱,東京電力管内における計画停電等により,重要な部品や材料,資材の供給が滞り,操業中断や減産があったことが報告されました。

① 石油・化学産業,金属・素材業界

　石油・化学業界や金属・素材業界はさまざまな産業の上流に位置するため,化学プラントや素材関連工場の被災や計画停電による生産停止が多くの産業に影響を及ぼしました。具体的には,インク溶剤に用いられるMEK（メチルエチルケトン）,半導体工場での洗浄工程や製紙工場での漂白工程に用いられる過酸化水素水,ペットボトルや液体洗剤の原料であるEO（酸化エチレン）やEG（エチレングリコール）,プリント配線板用の銅張積層板に用いられる極薄電界銅箔の供給停止による影響が報じられました。これらの製品においては,被災した化学メーカーのシェアが高く,代替品の確保が難しかったことが特徴で,例えばMEKのシェアは国内60%,世界で30%を占めていたとされています。

② 電機・電子業界

　電機・電子産業では,半導体部品,コンデンサー,センサー,スイッチ,水晶振動子,フラットパネルディスプレイ等を製造する電子部品メーカーの東北や北関東の工場が停止し,国内外の同産業ばかりでなく,自動車産業など産業界全体に影響が及びました。特に小型かつ高密度の電子部品は,日本メーカーのシェアが高いため,代替の調達先を確保することが難しい状況となりました。

③ 食品・飲料業界

　食品・飲料産業では,包装材を製造しているサプライヤーや物流倉庫が被災したため,製品の出荷に支障が生じました。計画停電のために十分に稼働できない工場があったうえ,ペットボトルのキャップや紙パック等の包装材の供給が不足した影響により出荷停止が発生しました。特にミネラルウォーターは断

水による需要増加に加えて、一部の水道水から基準を超える放射性ヨウ素が検出されたことにより需要がさらに増加したため、大手飲料メーカーが大幅に増産したものの、被災地を中心に全国的な品不足となりました。なお、ペットボトルのキャップについては、これまで各社で異なっていたキャップの色や形を、白色の無地に統一したことが、供給不足の解消に奏功しました。

④ 自動車業界

東日本大震災におけるサプライチェーンの途絶の影響に関して、最も注目されたのは自動車業界でした。半導体部品やセンサー、塗装用顔料、合成ゴム部品などさまざまな部品、原料、資材の供給途絶の影響で、国内はもとより一時は海外の自動車メーカーでも操業停止や受注取消しが生じ、従業員の解雇にまで発展した例もありました。

特に影響が大きかったのは、ある半導体工場の被災によるものでした。半導体は製造リードタイムが長く、製造工程中の仕掛かり品が被災した場合、供給再開には数ヵ月を要します。自動車向けの製品はSoC（システム・オン・ア・チップ＝必要とされる機能を1チップに集積したもの）というカスタム品であるため、他工場での代替生産も容易ではなかったようです。半導体集積回路の製造工程には、脆い石英管やセラミックス部品が数多く使用されており、地震動による被害を受けやすいことに加え、クリーンルームの天井や、グレーチング（鋼材を格子状に組んだ溝蓋）の床、ガスや薬液の配管類も、被災すれば修復・復旧に長時間を要します。今回被災したのは回路線幅の小さい最先端の工場であり、しかも露光装置などの製造装置は大型で重量があるため、修復・復旧と調整に時間がかかったものと推定されます。

⑤ その他

補修部品・消耗品の不足により、鉄道の運行に影響が及んだ事例も見られました。あるメーカーの鉄道車両の保守部品である直流モーター用ブラシの素材

を生産する工場が被災し、さらに最終製品を作る工場が原子力発電所事故の避難指示区域内にあったことで、モーター用ブラシが供給不足となり、ここで生産される製品を使用していた関西の鉄道の運行に影響が及びました。

以下は、個別の企業における被災と対応の事例です。

◆自動車メーカー

　大手自動車メーカーでは地震から2週間経過した3月24日、自動車の組立工場の操業停止を4月3日まで延長すると発表しました。また同時に被害の大きかった地区の全面復旧に「数ヵ月かかる」との見通しも明らかになりました。当地区は研究所を中核に、購買本部、新車の開発、部品調達等の中枢機能が集中するエリアで、建物の一部損壊だけでなく、車や部品等の図面データをやりとりするシステムの心臓部も停止し、実質的な機能不全状態に陥りました。しかし、新車開発を止めないために、当地区に勤務する従業員の1割にあたる約1,000人を他の拠点に配置転換して、開発の継続を図りました。

◆半導体メーカー

　大手半導体メーカーでは、震災直後に国内の8工場が停止し、生産能力の5割が失われました。被害の大きい工場では、想定の2.5倍の揺れに襲われ、通路や天井の壁が崩落し、精密装置が倒れました。主な取引先である自動車メーカーにとって他社への切り替えが難しい特殊な製品であったため、自動車メーカーなどが送り込んだ応援要員は最大で1日2,500人となり、夜を徹しての復旧作業が続けられることとなりました。

◆医薬品卸

　大手医薬品卸企業では、東北の支店の受発注システムが停電で停止したため、本社で受注内容を確認し、関東の物流拠点から医薬品を運びました。しかし、ガソリン不足により輸送に支障が出始めると、難病治療の希少薬などの投

与を怠ると命にかかわる医薬品の運搬が困難な状況となりました。現地の病院や薬局の在庫も少ないため，被災地に集めた50ccのバイクでガソリン不足が解消されるまで薬を届けることとしました。

◆百貨店

大手百貨店の仙台店では壁にひびが入り，スプリンクラーが壊れて店内が水浸しの状態となりました。東京の本社では営業再開に向けて従業員の生活支援が優先課題と判断し，飲料水や肌着などを積んだトラックを仙台に送りました。自治体への無償提供も含め，被災地へ送った物資は約30回，2億円分にのぼったと報告されています。

◆通信

大手通信企業では，地震発生直後の午後4時半時点で，全国約6万拠点のうち東北地方を中心に1,500局の基地局で通信障害が発生しました。被災地の通信需要に加え，全国から被災地に通話が集まり，さらに帰宅困難になった首都圏で通信が急増しました。このため最大90％の発信規制を行いました。

(4) タイ水害（2011年）

2011年5月以降，タイでは例年を上回る量の降雨に見舞われ，台風Nock-Ten（台風8号）を始めとする計5つの台風・熱帯低気圧の相次ぐ上陸やモンスーン（雨季）の影響等により，全国の広い範囲において河川の氾濫・土砂災害・浸水等の被害が発生しました。2011年12月8日までに，タイ全国77都県のうち，65都県で洪水被害が発生し，死者数675人，行方不明者数3人，被災者数1,357万人（タイ全人口6,550万人の20.7％）に達しました。

洪水はタイの中央を南北に流れるチャオプラヤ川流域に沿って，上流域から下流域へ被害範囲を拡大し，10月4日以降，アユタヤ県からバンコク首都府にかけて，7工業団地で相次いで冠水・浸水被害をもたらしました（図表2-9）。

図表2-9 バンコク周辺地域と被害発生工業団地

出所:独立行政法人日本貿易振興機構(ジェトロ)ウェブサイト。

写真 2-1　バンコク近郊の浸水被害の状況

（ドンムアン空港）　　　　　　　　　　（バンコク首都府北部）

※バンコク中心部は浸水を免れたが北部の一部で浸水した〔2011年11月10日撮影〕。

　被災した工業団地の多くでは，周囲を囲む堤防を越える形で浸水が発生し，工業団地全域に避難指示が出され，1～2日で団地内全域が水没，その後11月中旬～12月初旬に団地内の排水が完了するまで，約1～2ヵ月間の長期にわたって浸水が続き，多くの企業が操業停止となりました。排水完了後も各工業団地の被害は深刻で，工業団地内の電力供給・給水機能の復旧，被災した工場建物の再建，清掃・洗浄，機械の再調達等の復旧作業は，多くの企業で多大なコストと時間を要し，約1年後の2012年5月時点でもまだ半数近い工場が操業停止の状況でした。

〈企業活動への影響〉

　この洪水被害によって，自動車（完成車・部品），電気・電子（特にHDD等），鉄鋼，化学等，さまざまな業種の工場が長期間操業停止となり，その影響はサプライチェーンを通じて世界の非常に広い範囲に拡大しました。

　被災により長期間の操業停止に陥った企業の多くは，速やかに代替生産・調達手段を探しましたが，生産に不可欠な図面や金型が水没してしまったため，代替生産・調達が手配できない例も多数発生しました。水没した工場内に残さ

れた金型の回収のため,潜水士を手配する企業も見られました。

　洪水被害によって,企業活動に大きな影響を受けた事例としては,主に下記の3通りの類型が見られました。

①自社が被災:自社拠点が被災・操業停止に陥り,出荷一時停止や代替生産手配による追加コストが発生し,企業活動に甚大な影響を被った。

②サプライヤーが被災:主要なサプライヤーが被災・供給停止に陥り,代替調達先が手配できなかったため,自社も生産停止に陥った。

③納入先が被災:自社は被災しなかったが,納入先の工場が停止したため,部品等の納入を継続できなくなった。

　これらいずれか,または複数に該当する企業は,洪水被害によって多大な損失を計上し,大手企業であっても経常利益を下方修正する企業が相次ぎました。東証1部上場の3月期決算企業では,1,315社中22%に該当する289社が利益を下方修正し,その主要な要因に多くの企業がタイの洪水被害をあげました。日本の上場主要企業だけで,7,000億円の利益押下げが生じた,との報道もありました。

　このような,多くの企業の操業停止,物流網の寸断,インフラの停止は,タイ・日本・世界の経済活動にも,甚大な影響を及ぼしました。

〈タイ国内経済への影響〉
- タイ国家経済社会開発庁(NESDB)は,この洪水により,2011年GDPの2.3%が減少,影響額は約2,484億バーツ(約5,960億円,名目値)にのぼると推定しました。
- タイ労働省によると,10月〜12月6日までの間に,計39工場で10,957人が解雇されました。同省はこのような動きは今後も継続し,さらに13万人が解雇されるとの見通しを示しました。

写真 2-2　被災企業・工業団地による復旧作業の様子

〔2011 年 11 月 10 日撮影〕

〈日本・世界経済への影響〉

- 2012 年 1 月，日本財務省が発表した 2011 年の貿易統計（速報）によると，貿易収支は 2 兆 4,927 億円の赤字となり，1980 年以来 31 年ぶりの赤字転落となりました。輸出減少の要因としては東日本大震災，円高と並んで，タイの洪水による影響が大きいとされました。
- 国連の防災対策部門である国際防災戦略（ISDR）は，2011 年の自然災害による経済損失額が世界全体で 3,660 億ドル（28 兆 1000 億円），その内，タイ洪水による経済損失は 400 億ドル（3 兆 710 億円，全体の 10.9%）に達したと発表しました。

〈日本企業への影響〉

- 日本政策投資銀行が実施した調査（2011 年 11 月実施，製造業 139 社，非製造業 47 社が回答）では，約 55% の企業がタイ水害で「何らかの影響があった」と回答しました。タイの拠点が直接被災したケースは約 10% にとどまったものの，サプライチェーンの混乱による影響を受けた企業が 2 割強，間接被害によるタイ拠点の営業・生産停止があった企業が約 15% ありました。

(5) 熊本地震 (2016年4月)

　2016年4月14日21時26分，熊本県熊本地方を震源とするマグニチュード6.5の地震が発生しました。さらに4月16日1時25分，同様に熊本県熊本地方を震源とするマグニチュード7.3の地震が発生しました。これら2つの地震により，熊本県の一部の地域では震度7が2回観測されました（図表2-10）。

　文部科学省の地震調査研究推進本部では，全国の主な活断層や海溝型地震を対象に，各地域で発生する地震の規模や発生確率を予測し公開しています。この長期評価では震源付近の地震の発生確率は決して低くはありませんでしたが，熊本県内での大地震の発生確率等は世間に十分に認知されていませんでした。震度7クラスの地震が立て続けに発生することは，多くの人たちにとって「想定外」の事態となり，人命や企業活動に大きな影響が及びました。

〈人に関する影響〉

　4月14日の地震で生じた被害は，4月16日の本震発生によりさらに拡大しました。特に地震による直接の死者は，14日の地震で9人，16日の地震後は50人と増加しました。死因の多くは住宅等の倒壊による圧死や窒息と土砂崩れによるものでした。また災害関連死の疑いとして，車中泊等の避難生活がき

写真2-3　熊本地震で被害を受けた益城町の家屋の様子

〔2016年5月14日弊社撮影〕

図表 2-10　熊本地震の概要

1　地震の概要
  (1) 4月14日21時26分に発生した地震
  震源および規模
    熊本県熊本地方（北緯 32 度 44.5 分，東経 130 度 48.5 分），深さ約 11km
    マグニチュード 6.5
  各地の震度（震度 6 弱以上）
    震度 7　　　熊本県：益城町宮園
    震度 6 弱　　熊本県：熊本東区佐土原，熊本西区春日，熊本南区城南町，
　　　　　　　　熊本南区富合町，玉名市天水町，宇城市松橋町，宇城市不知
　　　　　　　　火町，宇城市小川町，宇城市豊野町，西原村小森，嘉島町上島
  (2) 4月16日1時25分に発生した地震
  震源および規模
    熊本県熊本地方（北緯 32 度 45.2 分，東経 130 度 45.7 分），深さ約 12km
    マグニチュード 7.3
  各地の震度（震度 6 弱以上）
    震度 7　　　熊本県：益城町宮園，西原村小森
    震度 6 強　　熊本県：南阿蘇村河陽，菊池市旭志，宇土市浦田町，大津町大
　　　　　　　　津，嘉島町上島，宇城市松橋町，宇城市小川町，宇城市豊野町，
　　　　　　　　合志市竹迫，熊本中央区大江，熊本東区佐土原，熊本西区春日
    震度 6 弱　　熊本県：阿蘇市一の宮町，阿蘇市内牧，南阿蘇村中松，南阿蘇村
　　　　　　　　河陰，八代市鏡町，玉名市横島町，玉名市天水町，菊池市隈府，
　　　　　　　　菊池市泗水町，大津町引水，菊陽町久保田，御船町御船，熊本美
　　　　　　　　里町永富，熊本美里町馬場，宇城市不知火町，山都町下馬尾，氷
　　　　　　　　川町島地，合志市御代志，和水町江田，熊本南区城南町，熊本南
　　　　　　　　区富合町，熊本北区植木町，上天草市大矢野町，天草市五和町
　　　　　　　　大分県：別府市鶴見，由布市湯布院町川上
2　被害状況等
  (1) 人的被害
    死者　50 名　災害関連死等を含む合計 249 名
    負傷者　2,790 名（うち重傷 1,184 名）
  (2) 住宅被害
    全壊　8,674 戸
    半壊　34,563 戸
    一部破損　162,312 戸

出所：内閣府 [2017]「熊本県熊本地方を震源とする地震に係る被害状況等について」（10月16日）。

っかけとされる急性肺血栓塞栓症(エコノミークラス症候群)による死亡者が複数確認されました。

インフラ被害についても同様で,14日の地震時に発生した最大16.7千戸の停電は4月15日までにいったん全面的に復旧しましたが,続いて発生した地震により再び最大476.6千戸が停電に陥りました。

〈企業活動への影響〉

多くの企業の施設・設備にも被害が発生しました。インフラの停止や交通網の寸断の影響も大きく,サプライチェーンにもその影響が波及しました。

① 自動車業界

自動車メーカー各社では東日本大震災の後,事業継続体制の強化が図られていたため,熊本地震においてもその成果が一定程度見られました。しかし,自社工場やサプライヤーの被災により,国内主要自動車メーカー各社が一時生産を停止する事態となりました。また,海外に立地する外資メーカーが,熊本地震による部品調達の停滞を理由に一時生産を停止する例もありました。

ある企業では代替調達を計画していたサプライヤーで必要な金型が取り出せず対応が遅れ,十数ある国内の生産拠点のほとんどを一時停止しました。また,被災した工場の設備の復旧が長期化したため,同社に部品を供給していたサプライヤーが減産などの対応を取らざるを得なくなった事例もありました。

② 電機・電子業界

九州地方に集積している半導体の生産拠点の多くで被害が発生しました。

ある半導体メーカーは,東日本大震災時の被災でサプライチェーンに大きな影響を及ぼした苦い経験があり,その教訓をその後の対策に活かしていました。そのメーカーは今回の地震でも生産拠点が被災しましたが,早期に復旧することができました。しかし,次工程に携わる企業の復旧の遅れから,サプラ

イチェーンの影響が長期化することとなりました。

　また，液晶パネル等に関連する資材の生産を行う工場では，漏電による火災が発生し，復旧の長期化が予想される事態となり，同工場での生産は国外拠点に移されました。

③　小売業

　スーパーなどの小売業も大きな被害を受け，一部の被害の大きい店舗では営業再開を断念する動きも見られました。大手流通やコンビニ等では，九州北部の拠点までは物資が届くものの，道路寸断の影響により店舗までの配送に遅れが発生しました。しかし，特に全国展開している企業では，過去の災害の経験を活かした物資供給体制が構築されており，店舗の営業継続により地域の復興に貢献しました。

(6)　その他

　(1)〜(5)では，主に自然災害による事業中断事例を取り上げましたが，事業継続上のリスクは自然災害だけに限りません。近年，企業の事業継続に影響を与えたその他の事例をご紹介します。

① 　新型インフルエンザ A/H1N1（2009 年）

　2009 年 4 月，メキシコと米国において，新たなインフルエンザウイルス，A/H1N1 の人への感染が確認されました。数週間で感染が拡大し，6 月 11 日には世界保健機関（WHO）がパンデミック警戒フェーズを「フェーズ 6」（最高）と宣言する事態となりました。

　これを受け，日本国内の多くの企業において，海外出張の制限やイベントの自粛等の対応が取られ，一時，世界経済の停滞も懸念されました。

　感染が拡大していく中で，ウイルスの毒性が当初想定されていたよりも弱いことが明らかとなり，事態は次第に収束していきました。なお，政府は現在，

インフルエンザ A/H1N1 を季節性インフルエンザの1つに分類しています。

（新型インフルエンザに対する事業継続対策は，「Column 3　新型インフルエンザの流行を想定した BCP について」を参照。）

② 　中国・反日暴動（2012 年）

　2012 年9月 11 日の日本政府による尖閣諸島の国有化を契機として，中国国内の 100 を超える都市で反日デモが発生しました。デモの一部の参加者の暴徒化により，在中国日本大使館や総領事館，日系のスーパー，コンビニエンスストア，自動車販売店，工場，日本料理店，さらには日本車など，日本を想起させる施設・製品が反日デモの対象として被害を受け，日本人が暴行を受ける事例も発生しました。

　日系製造企業では，現地従業員らがボイコット，または設備の破壊活動を行ったため，操業を停止する事例が相次ぎました。また，直接被害を受けていない企業の多くでも，従業員の安全を考慮して営業を停止せざるを得ない状況となりました。

　流通・小売企業では，店舗に暴徒化したデモ隊が侵入し，商品の略奪や什器備品の破壊を受けました。さらに一部の流通・小売企業では出店計画の見直しを検討するなど，事業活動への影響は中期・長期に及びました。

③ 　韓国・大規模サイバー攻撃（2013 年）

　2013 年3月 20 日午後2時ごろ，韓国の複数の金融機関とテレビ局で，社内のシステムが利用できなくなりました。原因はサイバー攻撃で，攻撃者により各企業に仕掛けられたマルウェア（コンピュータウイルス等の悪意のある不正なソフトウェア）が同時刻に起動し，サーバーやパソコン等を停止させました。

　これにより，被害を受けた企業の多くの情報システムが利用できなくなり，金融機関では窓口業務や ATM が数時間にわたって停止しました。テレビ局では幸いにも，放送にかかわるシステムが影響を受けなかったため，放送が中断さ

れることはありませんでしたが，手動で放送を続ける等の対応が迫られました。

④　パリ・同時多発テロ（2015年）

　2015年11月13日午後9時20分ごろ，フランスの首都，パリ市内外の複数ヵ所で爆破や銃撃が発生し，130人が死亡，350人以上が負傷しました。犯人はイスラム過激派組織「イスラム国（IS）」のメンバーとされ，同国における戦後最悪のテロは世界中を震撼させました。

　この事件を受け，フランス政府は非常事態を宣言し，軍部隊を動員し警備態勢を強化するとともに，国境を封鎖し出入国を徹底管理し，夜間の外出禁止や観光施設を閉鎖するなどの措置を取りました。これにより企業活動にも影響が生じ，日系企業の中には，パリや同国への出張を制限する動きも見られました。

3　今後発生が予測される事業中断リスク

(1)「首都直下地震」の被害想定

　東日本大震災以降，内閣府では，2012年5月に設置された「首都直下地震モデル検討会」が地震シナリオの見直しを行い，その結果に基づいて「首都直下地震対策検討ワーキンググループ」（以下，ワーキンググループ）（2012年3月設置）が被害想定を実施しました。「首都直下地震モデル検討会」とワーキンググループによる新しい被害想定のポイントは，以下のとおりです。

1）地震シナリオ

　「首都直下地震モデル検討会」では，最大クラスの地震を含め，最新の科学的知見を踏まえた地震シナリオの検討を目的に，M7クラスの19地震と，M8クラスの4地震（海溝型地震），1つの最大クラスの地震・津波が検討されました。検討に際しては，フィリピン海プレートや太平洋プレートの形状，プレート境界での地震発生のメカニズム，地盤モデル等に関する最新の知見が反映

されています。なお，2005年度に中央防災会議「首都直下地震対策専門調査会」が公表した被害想定において，対策の中心となる地震と位置づけられていた「東京湾北部地震」は，地震学者の最新の考え方に基づき，検討の対象外とされました。

　各地震シナリオの震度分布や津波高が明らかになったのを受け，ワーキンググループでは，検討された地震シナリオの中から「都心南部直下地震」を防災・減災対策の対象とする地震とし，M8クラスの「大正関東地震タイプの地震」を長期的な防災・減災対策の対象とする地震と位置づけました。ただし，これは首都中枢機能への影響を重視して選定されたものなので，企業等が自身の事業継続を検討する際には，震源が重要拠点に最も近いM7クラスの地震を優先的に考慮することをお勧めします。

2）被害想定

　ワーキンググループでは，「都心南部直下地震」に関して，人的被害や物的被害を定量的に評価した結果を公表しています。図表2-11はその概要を2005年に公表された被害想定と比較したものです。これによると，人的被害の中で地震火災による死者が大幅に増えていることがわかります。これは断水や交通渋滞などによって消防活動が制限される中で火災が同時に多発すると，木造住宅密集市街地などでは大規模な延焼火災につながり，四方を火災で取り囲まれたり，火災旋風が発生したりすることにより，逃げ惑いが生じて人的被害が拡大するという考え方によるものです。

　また，ライフラインの中で電力をみると，停電率が大幅に上がっていることがわかります。これは地震直後に火力発電所の運転停止等により，電力の供給能力が5割程度に低下して，需給バランスが不安定となり，広域にわたって停電することが想定されているためです。これまで多くの企業や地方公共団体では3日間程度の停電を想定してきたと思われますが，新しい被害想定では電力の供給側の復旧に1ヵ月を要するとの記載もあり，企業等では，長期的な計画

図表 2-11 2013 年と 2005 年に公表された政府の首都直下地震被害想定の比較

		2013 年想定	2005 年想定
対象地震		都心南部直下地震（M7.3）	東京湾北部地震（M7.3）
季節・風速		冬の夕方・風速 8m/s	冬の夕方・風速 15m/s
人的被害	建物倒壊等による死者	約 6,400 人	約 3,100 人
	地震火災による死者	最大 約 16,000 人	約 6,200 人
	死者数合計（上記以外の原因を含む）	最大 約 23,000 人	最大約 11,000 人
建物被害（倒壊および焼失）		約 610,000 棟	約 850,000 棟
ライフライン※	上水道	・断水率は最大 31% ・約 1 ヵ月でほとんどの断水が解消	・断水率は最大 26% ・復旧目標日数は 30 日
	下水道	・機能支障率は最大 4% ・約 1 ヵ月でほとんどの地域で利用支障が解消	・機能支障率は最大 1%
	電力	・最大約 5 割が停電 ・供給側の復旧に 1 ヵ月	・最大 6% が停電 ・復旧目標日数は 6 日
	通信	・固定電話の不通回線率は最大 48% ・携帯電話の停波基地局率は最大 46%	・固定電話の不通回線率は最大 5% ・復旧目標日数は 14 日
	ガス	・支障率は最大 17% ・供給停止が多い地域でも約 6 週間で供給支障が解消	・供給停止率は最大 12% ・復旧目標日数は 55 日
帰宅困難者数（平日の 12 時に地震発生）		最大約 800 万人	約 650 万人

注）2005 年想定におけるライフラインの復旧目標日数とは，95%（ガスのみ 80%）の復旧を目安としたもの。
出所：中央防災会議［2005］「首都直下地震対策専門調査会報告」（7 月）および中央防災会議［2013］「首都直下地震の被害想定と対策について（最終報告）」（12 月）をもとに弊社作成。

停電が実施された場合に，どのような体制でどのような事業継続を実現するのか，再度見直す必要があります。

　首都直下地震の被害様相の中で，他の地域と比較した場合に突出して大きな問題となるのが大量の帰宅困難者の発生です。新しい想定では最大で800万人の帰宅困難者が発生すると想定されていますが，東日本大震災では，首都圏で鉄道の運行停止や，道路の大渋滞により，約515万人の帰宅困難者が発生しました。この経験を踏まえ，政府では東京都などと「首都直下地震帰宅困難者等対策協議会」を立ち上げ，一斉帰宅の抑制，駅周辺等における混乱防止，帰宅困難者への情報提供等，多岐にわたる対策を検討しました。2012年9月には「事業所における帰宅困難者対策ガイドライン」をはじめ5つのガイドラインがとりまとめられていますが，それによると，発災後72時間は，被災者の救助・救急活動，消火活動などの災害応急活動が優先されることから，その間は，事業所では従業員などを事業所内に留めることとし，そのための3日間の備蓄をすることが勧められています。また，東京都も同様の対策を企業に求める条例を2013年4月1日から施行しています。

　東日本大震災以降，政府から公表される被害想定には，これまでの被害想定にはなかった過酷事象の考え方が盛り込まれるようになりました。これは，前述したような被害想定は被害の全体像を概観するための平均的な数値であり，実際の大規模地震では，より過酷な事象が発生しうるという考え方です。その例としては，東京湾沿岸の堤防等の海岸保全施設が沈下・損壊した場合に海抜ゼロメートル地帯が浸水してしまうことや，局所的に発生する大きな地盤変位により，被災した交通施設の復旧に長期間を要すること，東京湾周辺の火力発電所が大規模に被災して1ヵ月にわたって電力の需要抑制が必要になること，湾岸域のコンビナートの大規模な被災により，火災や油の流出が拡大することなどがあげられています。平均的な被害想定に対する事業継続の検討が一巡した企業等では，次のステップとしてこのような過酷事象を想定したオペレーションの検討に取り組むのもよいでしょう。

(2)「南海トラフ巨大地震」の被害想定

　南海トラフ巨大地震については，これまで，中央防災会議の専門調査会において東海地震と東南海・南海地震とでそれぞれ個別に検討されてきました。東日本大震災以降，想定外をなくすという観点から，「南海トラフの巨大地震モデル検討会」では，この2つが連動して発生する地震の検討が開始されました。南海トラフの最大クラスの地震・津波を発生させる地震として，揺れを評価するための4つの震源断層モデル（M9.0），津波を評価するための11の震源断層モデル（M9.1）が検討されました。なお，検討されたのは被害が最大規模となる超巨大地震のため，発生頻度はきわめて低く，数百年～千年に1回しか発生しないと考えられています。よって，次の地震がこのケースになるのかは定かではありません。2012年8月に検討結果が公表されましたが，最大で10県で震度7が想定され，最大津波高は34メートル，津波高20メートル以上の地域が8都県におよぶなど，東北地方太平洋沖地震を上回る広域災害の姿が具体化されています（図表2-12）。

図表2-12　南海トラフの巨大地震による最大クラスの震度分布

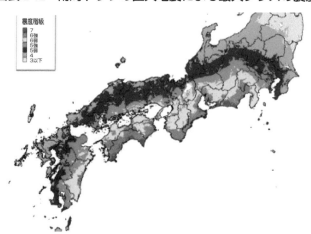

出所：内閣府南海トラフの巨大地震モデル検討会［2012］「南海トラフの巨大地震による震度分布・津波高について（第一次報告）」（3月31日）。

「南海トラフの巨大地震モデル検討会」の検討結果を受け,「南海トラフ巨大地震対策検討ワーキンググループ」にて被害想定が実施され,その結果が2013年3月に公表されました。公表された報告書によると,死者は最大で32万3千人,全壊および焼失棟数は最大で約238万棟,資産等の被害額は最大で169.5兆円と推計されています。詳細な想定についての説明は割愛しますが,被害が想定される地域には産業の集積する太平洋ベルト地帯も含まれており,企業の被災による影響がサプライチェーンのネットワークを通じて国内外に波及すること,東名・名神高速道路や東海道・山陽新幹線,名古屋港等の交通の大動脈が寸断されることによる経済活動の低下が日本の国際競争力を低下させる可能性等が指摘されています。南海トラフ巨大地震のような,津波を伴う大規模地震に対する対策を一企業で実施するには限界がありますが,事業継続を考えるうえでは,企業活動の源泉となる人的資源を確実に守ること,全国展開する企業であればまずは自社内で,地域展開する企業であれば協同組合や協定などを通じて,非被災地と連携した復旧体制などを考慮することなどがポイントとなるでしょう。

　ここまで,首都直下地震と南海トラフ巨大地震について説明してきましたが,大地震は一度発生すれば企業だけでなく社会全体に甚大な被害を与える可能性が高いことから,企業にとってBCPを含む事前の対策を十分に練っておくことが重要です。大地震が発生した場合には,日本国内のみならず世界経済への影響も懸念されることからも,世界経済に影響力を持つ日本企業の防災力の向上が大変重要な課題となります。

Column 2

レジリエンス認証制度

BCPにかかわる認証制度の1つとして,2016年4月18日に開始された,レジリエンス認証制度について紹介します。

1 レジリエンス認証制度の概要

レジリエンス認証制度は,内閣官房国土強靱化推進室の委任を受けた一般社団法人レジリエンスジャパン推進協議会が,「国土強靱化の趣旨に賛同し,事業継続に関する取組みを積極的に行っている事業者を『国土強靱化貢献団体』として認証する制度」です。

レジリエンスジャパン推進協議会によると,レジリエンス認証は,「大企業はもとより,中小企業,学校,病院等各種の団体における事業継続(BC)の積極的な取組みを広めることにより,すそ野の広い,社会全体の強靱化を進めること」を目的としています。

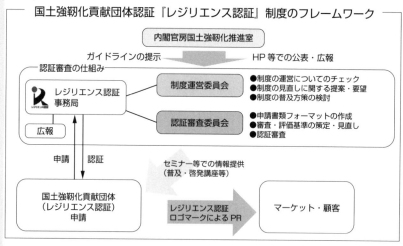

レジリエンス認証制度のフレームワーク
出所:一般社団法人レジリエンスジャパン推進協議会ウェブサイト。

●●●第2章　事業中断を引き起こすさまざまなリスク

レジリエンス認証マーク
出所：一般社団法人レジリエンスジャパン推進協議会ウェブサイト。

2　レジリエンス認証取得の意義

認証取得を目指すことは，事業継続にかかわる取り組みの動機づけとなり，また第三者の客観的な視点での評価を受けられることから，自社の事業継続の質を高めるうえで有用であるといえます。

加えて，レジリエンス認証を受けた場合，企業等が希望すればレジリエンスジャパン推進協議会や内閣官房国土強靱化推進室のウェブサイト等で認証取得団体として公表されるため，自社が事業継続について優れた取組みを行っていることを広くアピールすることができます。また，「レジリエンス認証マーク」を社員の名刺や広告等に載せることもできます。

3　レジリエンス認証組織の要件

レジリエンス認証を受ける企業は，内閣官房国土強靱化推進室が公表する「国土強靱化貢献団体の認証に関するガイドライン」に規定する次ページ以降の（1）～（9）の「国土強靱化貢献団体の認証の具体的基準」に適合することが求められます。

レジリエンス認証を希望する企業等は，年に3回予定される募集期間に申請を行い，書類審査，面接審査を受けます。

計画の文書化よりも，教育・訓練の実施や担当者の経験や知識（コンピテンシー）に重点がおかれていることが特徴の1つといえます。

参考：レジリエンス認証公式ホームページ
http://www.resilience-jp.org/certification/

国土強靱化貢献団体の認証の具体的基準

【事業継続関係】

(1) 事業継続に係る方針が策定されている

企業の経営理念や経営方針に関連付けられた事業継続方針があること。

(2) 事業継続のための分析・検討がされている

事業影響度分析及びリスク評価・分析を行い,重要業務とその目標復旧時間を明確にし,資源の脆弱性を把握している。

(3) 事業継続戦略・対策の検討と決定がされている

(2) を踏まえ,目標復旧時間内に重要業務を継続・復旧させる戦略・対策を検討し,決定している。

(4) 一定レベルの事業継続計画(BCP)が策定されている

目標復旧時間内に重要業務を継続・復旧させるための体制,手順等を示した計画が策定されている。

(5) 事業継続に関して見直し・改善できる仕組を有し,適切に運営されている

事業継続に関して見直し・改善できる仕組みを有し,改善のための見直しが定期的に行われている。

(6) 事前対策が実施されている

事業継続の実効性を高めるための事前対策が適切に行われている。

(7) 教育・訓練を定期的に実施し,必要な改善が行われている

事業継続力を高めるための教育・訓練を定期的に実施し,必要な改善が行われている。

(8) 事業継続に関する一定の経験と知識を有する者が担当している

事業継続に関する実務を2年以上積んだ実績がある者,または民間の機関が発行する事業継続に関する民間資格を保有する者が事業継続を担当している。

(9) 法令に違反する重大な事実がない

国土強靱化に係る法令に関して,違反する重大な事実がない。

【その他】

(10) その他留意事項

①国土強靱化の取組を進め,国土強靱化の取組促進に積極的に協力すること。
②認証組織が行う国土強靱化の推進に関する調査等に協力すること。

出所:内閣官房国土強靱化推進室［2016］「国土強靱化貢献団体の認証に関するガイドライン」(4月)。

第3章 BCP策定のプロセス

1 BCPの策定に関する新しい考え方

　東日本大震災などを踏まえて改定された内閣府の「事業継続ガイドライン第三版」では，それまでの版からいくつか重要な考え方が変更されています。BCP策定のプロセスはこれまでと大きく変わりませんが，検討の視点が大きく異なっています。以下に主な変更点を解説します。

（1）結果事象

　自然災害の多いわが国では，従来から取組みが進んでいた防災対策の発展形として，地震等の被害想定に依拠したBCPの策定が多くの企業に浸透していました。しかし，2011年3月11日に発生した東日本大震災は，M9.0という想定をはるかに超える規模の地震が発生し，一部のBCPは十分に機能しませんでした。例えばある企業では，M7クラスの想定宮城県沖地震を被害想定の根拠としていたため，それに従って主要拠点の予想震度を震度5強とし，この主要拠点を早期に復旧させて事業を継続する事業継続戦略を立てていました。しかし，東日本大震災では震度6強の揺れや大津波，火災が発生し，本社や主要工場，物流拠点が想定を超えた壊滅的な被害を受けたため，早期復旧戦略のBCPを活用することができませんでした。

　当然のことながら，政府の被害想定は地震対策等を検討するうえでの前提となり得，また，合理的な判断のよりどころとなります。しかし，BCPの検討段階において特定の被害想定のみに依拠してしまうと，上述のケースのように被害想定と異なる地震が予想外の被害をもたらした場合に対応不能となるおそ

れがあります。

　元々のBCPの考え方は，自然災害，火災，情報システムの停止等の理由を問わず，事業継続上の重要な経営資源（例えば，重要拠点，設備・装置，部材，従業員，外部委託先など）が利用できなくなり，その影響で優先事業を支えている会社の機能や業務プロセスのどこかが停止する事象，これを結果事象と言いますが，この結果事象が生じることを想定し，事業を継続できるように対応策を検討するものです。

　以前より欧米の企業ではこの結果事象の考え方でBCPが策定されてきました。国内においても想定外の被害をもたらした東日本大震災の教訓により，結果事象に着目してBCPを改訂する動きが始まっています。

(2) 代替戦略の重要性

　事業継続戦略には，主に早期復旧戦略と代替戦略の2つの戦略があります。前述の「会社の機能や業務プロセスが停止する」という結果事象に拠った事業継続戦略では代替戦略が主流です。わが国ではこれまで多くの企業が，地震防災の延長線上で考えやすい，自社の中で完結するため検討がしやすいなどの理由で早期復旧戦略をとってきましたが，東日本大震災の教訓で明らかなように重要拠点が全壊するような大きな影響があった場合には，早期復旧戦略では対応ができません。代替戦略の場合は，実際の被害等が被害想定を超えることがあっても対策を活用できるケースが多くなるというメリットがあります。このように現在では，事業継続には早期復旧戦略と代替戦略の両方を検討することが求められています。

(3) オールリスクへの対応

　過去の内閣府のガイドライン等では地震の発生を念頭においたBCPが，また，経済産業省のガイドラインでは情報システムの停止を想定したBCPが奨められてきました。このような対象とするリスクを明確に想定して進める

BCPの考え方はわかりやすく，幅広い企業がBCPに着手しやすくなるメリットがありました。

しかし，取り組みが進むにつれ，水害，火災，テロなどと，地震以外の事業中断リスクの脅威も大きく，東日本大震災の教訓として被害想定に基づいた早期復旧戦略だけでは対応できない想定外の被害もあることがわかってきました。企業に事業中断をもたらすリスクは地震に限らず多岐にわたりますので，リスクの種類別に精緻な被害想定を行い，それぞれに依拠したBCPをいくつも作ることは現実的ではありません。

そこで，内閣府の「事業継続ガイドライン第三版」では，オールリスクに対応するBCPの考え方が取り入れられました。結果事象で考え代替戦略を構築することにより，地震による損壊，火災による焼失，水害による浸水などのリスクの種類を問わず，重要拠点が機能停止するようなあらゆる事態に対してBCPが活用できるのです。

ただし，ここで注意したい点は，このようなオールリスクに対応するBCPを策定した場合であっても，個々のリスクを対象とした被害想定や早期復旧のためのリスク対策も，企業のリスクマネジメントとしては欠かせないということです。リスクの予防や軽減策を図ることはリスクマネジメントの基本です。迅速かつ適切な初動対応により，人命・資産を守り，リスク対策によって被害を最小限に抑えることは，企業の事業継続にとっても非常に重要です。

2 BCPの策定と維持管理のプロセスの概要

BCPの策定と維持管理のプロセスは，おおよそ図表3-1のようになります。BCPは企業を取り巻く環境の変化に応じて，継続的に見直しおよび改善する必要があるため，BCPの策定プロセスの重要性もさることながら，BCMのPDCAサイクルを回すプロセスをしっかり構築しておくことが重要なポイントとなります。

図表 3-1 事業継続計画の策定と維持管理のプロセス

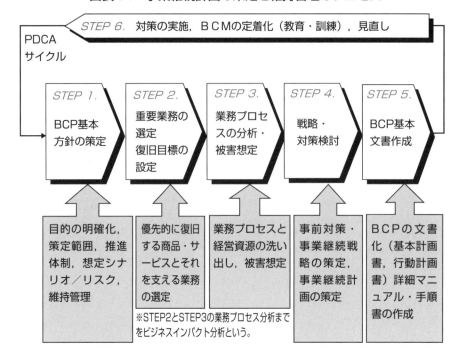

【STEP1】BCP 基本方針の策定

BCM や BCP についての基本的な枠組みをまず決定します。

【STEP2】重要業務の選定，復旧目標の設定

優先的に復旧する事業（商品・サービス）を定め，それを支える業務を選定するとともに，目標復旧時間を定めます。

【STEP3】業務プロセスの分析・被害想定

重要業務をより細かい作業単位（業務プロセス）に分解して，それを分析します。業務プロセスにおいて利用する経営資源（拠点，インフラ，ユーティリティ，システム，設備・備品，要員，情報技術等）を洗い出し，復旧の制約となる重要な要素（ボトルネック）を特定します。

そして，その重要な要素について脆弱性などを評価したうえで，インシデントまたは事故・災害等が発生した場合に，重要な要素が受ける被害の程度，事業への影響等を分析します。

【STEP4】戦略・対策検討

重要業務について，目標復旧時間内に，目標とする復旧レベルで継続させるための全体的な戦略（早期復旧策，代替策，BCP 発動基準等）を検討します。そして，それを実現するための対策（被害回避・軽減，非常時の組織体制・行動，商品・サービスの供給継続，情報システム機能やロジスティクス機能の維持，財務手当て，リスクコミュニケーション等）を検討し，その実施計画を策定します。

【STEP5】BCP 基本文書作成

検討内容に基づき BCP を文書化します。

【STEP6】対策の実施，BCM の定着化（教育・訓練），見直し

BCP を実効性あるものとして維持・改善するために，計画にしたがった対策の実施，教育・訓練，点検・監査を実施するとともに，環境の変化や教育・訓練，点検・監査の結果を踏まえた見直しを行います。

BCP の策定プロセスは，必ず前述の方法によらなければならないということではありません。例えば，重要な拠点や設備が明らかである場合は，その拠点や設備についてのリスク分析から検討を始めても差し支えありません。ただしその際には，サプライチェーンが検討からもれないように留意することが重要です。

3 基本方針の策定

（1）基本方針策定の重要性

BCP の策定にあたっては，まず事業継続に取り組む際の基本方針を固めておく必要があります。事業継続は，本社部門や製造拠点など，企業のすべての

部門にかかわる事項です。また，取り組みに際限がなく，どのような範囲で行うかは企業の判断によりさまざまです。そのため，何を目的として，どのレベルを目標としてBCPを策定するのか，しっかりとした方針を定めたうえで進めないと，方向性を見失うおそれがあります。

基本方針に盛り込むべき内容としては，以下のような事項があげられます。

```
① BCPの目的
② BCPの策定範囲
③ BCPの推進体制
④ リスク分析
```

この基本方針は，必ず経営者の承認を得て文書化しておく必要があります。

以下に，①BCPの目的，②BCPの策定範囲，③BCPの推進体制，④リスク分析について解説します。

(2) BCPの目的

BCPの目的とは何でしょうか。企業は何を目指してBCPを策定するのでしょうか。そもそも企業というものは，一定の目的を達成した後に清算し解散することを前提として設立された特別な会社を除いて，継続的に事業を行い，持続的に発展することを目的としていると考えられます。事業継続の究極の目的は，企業の存続，さらには持続的成長を可能とするための対策であるといえます。つまり，企業経営の本質的な目的と重なるため，企業理念などと一致したものになるはずです。

例えば，電力・エネルギー，通信，運輸など社会インフラを担う企業の場合，その機能が停止した場合の社会全体への影響度はきわめて大きく，社会的な責任という観点が重要となり，サプライチェーンの中で原材料や部品などを供給している企業においては，供給責任という観点が重要となります。この

際，自社の立場で何を重要視するのかということだけではなく，社会や取引先・顧客等が自社に対して何を期待しているのかという外部からの視点に立って客観的に考えてみることが大切です。つまり，「自社の守るべきものは何か，非常事態においても果たすべきものは何か」「自社の存在基盤は何か，それが失われるとどうなるか」「自社が今後，戦略的に取り組むものは何か」という観点から，自社の事業継続について，その位置づけを考えてみることがポイントとなります。BCPは企業戦略そのものと密接にかかわっています。非常時において，どの事業に対して経営資源を優先的に配分するかという経営戦略に直結したものなのです。

BCPの策定の意義や重要性を確認することにより，どのレベルで事業を継続する必要があるのか，どの事業を優先的に立ち上げる必要があるのかということについてコンセンサスが得られるため，次のステップで優先事業の選定や目標復旧レベルの設定の議論をする際のよりどころとなります。

(3) BCPの策定範囲

通常，企業は自社のみではなく，関連会社や協力会社と密接に連関して事業を行っています。事業継続を考える場合，優先事業にかかわるこれらの外部の企業も対象範囲に含める場合があるため，その範囲がどこまでなのかを明確にしておく必要があります。このとき，子会社等の直接の経営支配下にある企業であれば比較的容易ですが，独立性を有した外部企業である場合，自社と同じ要領で事業継続体制を構築させていくのは困難が伴います。まずはどの範囲から着手し，どこまで広げていくのかを決めておくことが望まれます。

また，特に大企業の場合は，事業規模が大きく，事業内容も多岐にわたります。また，拠点数も多く，海外にも進出していることが多くなっています。このような場合において，全社の全事業について一度にBCPの対象とするのではなく，中核となる拠点や事業から段階的に進めていく方法も考えられます。BCP策定のためには人的な経営資源をある程度投入する必要がありますが，

通常の業務をこなしながらBCPの策定を平行して進めることは少なからず負担が伴います。また，BCP策定はある種の仮説を立てつつ進めていく取組みであり，情勢の変化から途中で前提条件を変えたり，軌道修正をすることもあり，全社同時に策定作業を始めた場合，手戻りが多くなってしまうことがあります。そのため，まずは代表的な事業や拠点などに限定して取り組み，BCPの策定プロセスを1回まわしてから，他の事業に展開する方法も有効です。

(4) BCPの推進体制

　BCPをこれから策定する企業の場合，BCPの推進体制には大きくみて2つの側面があります。1つ目は，事業継続体制を構築し，BCPを策定，これを維持管理していくという意味での平常時の推進・維持管理体制，2つ目は，いざ非常事態が発生した場合において，実際にBCPを指揮し実行するための非常時の実行体制です。企業によっては，平常時の推進・維持管理体制や非常時の実行体制とは別組織としてBCPを策定するプロジェクトチームを結成して推進する場合もあります。

　これらのBCPの推進体制は，BCP策定や運用，非常時の対応の成否を左右するため重要な位置づけとなります。非常時の実行体制については後ほどのColumn5で記述しますので，ここでは，平常時の推進・維持管理体制について解説をします（図表3-2）。

　BCPの策定は経営戦略に直結していること，全社横断的なプロジェクトとなることから，誰が責任者となるか，どのような組織で推進するか，どういった要員体制とするかなどは極めて重要となります。推進組織の社内的な立場が確立されていなかったり，参画する組織に偏りがあったりすると，BCP策定の検討が不十分となり，時間をいたずらに費やすおそれがあります。

　では実際に推進体制の責任者を誰にすればよいのか，また，どのようなメンバーを加えればよいか考えてみたいと思います。

　まず，全社の推進組織の責任者には役員クラスが就くべきです。これは，特

図表 3-2 平常時の推進・維持管理体制の例

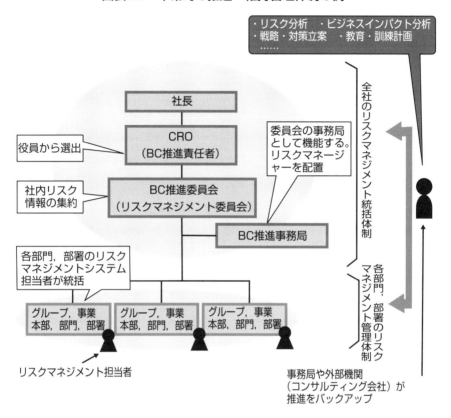

定の事業部だけの BCP ではなく，全社的な BCP の場合は，例えば経営企画担当やリスク管理担当（Chief Risk Officer：CRO）など組織横断的な事項を担当している役員のほうが適任な場合があります。BCP 策定に関して全社を指揮する立場となるため，その権限を有している必要があります。

次に，推進の旗振り役であるプロジェクトの事務局には，例えば経営企画部門，リスクマネジメント部門，事業部門などが考えられます。これも責任者と同様に，組織横断的な事項について調整する立場にあるため，BCP 策定に関して一定の権限が付与されている必要があります。また，複数の部門から事務

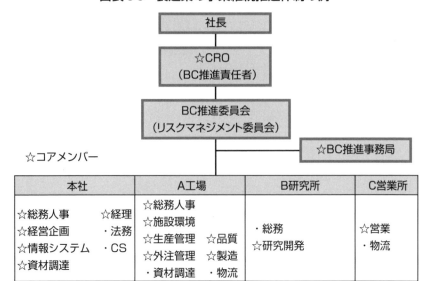

図表 3-3　製造業の事業継続推進体制の例

局の担当者を選抜することもあります。社内のさまざまな部署との調整ごとが多いため、会社や事業全体をよく理解しており、社内的にも人脈が広い、いわゆる「顔が利く人」が適任といえます。

　そして、事業継続を推進する組織に参画するメンバー（コアメンバー）として、関連する組織からそれぞれ代表者を選出します（図表3-3）。例えば製造業を例にとると、経営企画、リスク管理、総務のほか、人事、労務、システム、財務、法務などの本社部門、製造、技術、品質管理、調達、物流などの生産関連部門、営業、アフターサービスなどの顧客対応部門などが関係部署としてあげられます。これらの組織の代表者をコアメンバーとして参画させておくことで、検討や調整が円滑に進む可能性が高くなります。

　事業継続の取り組みは長期にわたるため、検討の困難さや日常の業務の忙しさで後回しとなってしまいがちです。したがって、責任者はリーダーシップを発揮し、社内各部署に対して取組みの重要性を周知するとともに、事務局やコ

アメンバーが目的意識を持ち，モチベーションを維持して取り組みができるよう，プロジェクトの役割やその成果を明確にすることが重要となります。

(5) リスク分析

　事業継続は，「いつどのような事態が発生したとしても，重要な事業を継続・早期復旧するための計画である」という観点から，災害や事故の特定のシナリオを想定することは妥当ではありません。しかしながら，自社の事業環境を取り巻くリスクの中で，万一発生した場合には事業中断に陥る可能性があるものについてはリストアップしておくべきです。これはリスクアセスメントのプロセスの1つであり，発生頻度と影響の大きさによって分類，整理します。一般的なリスクマネジメントでは，発生頻度が高く影響度が大きいリスクの中から重大リスクを選定し，対策を検討し管理していきますが，BCPでは事業中断を引き起こす可能性のあるリスクの中で，発生頻度が高く影響度も大きいリスクに加えて，発生頻度は低いが影響度が極端に大きいリスクも特定します。

　例えば，日本においては火災や爆発，地震や風水害，新型インフルエンザ等が，海外では，地域によってはテロや新種の感染症も念頭におく必要があるでしょう。また，大規模停電，システム障害，海外サプライヤーからの供給中断なども候補としてあげられます（図表3-4）。

　ただし，被害の程度については，詳細すぎるシナリオを想定しても実際にそうなるとは限らないため意味がありません。リソースが被災するかしないかを議論するのではなく，各リソースが被災する可能性があると考え，被災した場合にどのような方法で重要業務を実施するかに焦点をあてて検討することが重要になります。

図表 3-4　各リスクの特徴

リスク	人	物	資金	情報(IT)	外部／インフラ
巨大地震，大規模水害	×	×	△	×	×
サプライヤーからの供給停止，設備故障	△	×	—	○	○
電力危機，公衆網回線被災	○	○	—	○	×
工場内新型インフルエンザ患者発生，放射線漏洩による広域避難命令	×	△	△	△	△
ウイルス感染，システム障害（停止，誤作動，情報漏洩），サイバーテロ	○	○	—	×	○
本社やシステムセンターなど重要拠点に対するテロ，火災・爆発，局所水害	×	×	—	×	○
風評リスク（信用不安等）	○	○	×	○	○

○：被害を受けない。
△：被害を受けるケース，受けないケースがある。
×：被害を受ける。

4 重要業務の選定

　BCP策定の核となるものの1つが，非常時に優先的に復旧・再開すべき事業と，それを実行するための業務の選定です（図表3-5）。非常時に人や物等の経営資源が損傷を受けた状態になると，すべての事業を通常通りに実施することは不可能です。このときに，戦略なく手あたり次第にできることからやってしまうと，本来実施しなければならない重要な業務が後回しになり，ダメージが大きくなる恐れがあります。このような状況下では，総花的，場当たり的な対応ではなく，最優先事項を絞り込み，そこに経営資源を集中して投入することが重要となります。そのためには，事前に何から先に着手するのか，どの事業から優先的に復旧させるのかを，具体的に決めておく必要があります。

図表3-5　重要業務の選定プロセス

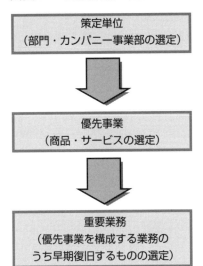

　企業によっては，単一の商品やサービスを提供しているところや，特定の商品・サービスの売上規模が明らかに他の事業と比べて突出しているケースもあるでしょう。そのような場合は，重要な事業を選定するのに悩むことはありません。しかし，複数の商品やサービスを提供している企業の場合は，何を基準に優先的に継続すべき事業を決定するのかが問題となります。

　そもそも，資金や人材などの経営資源をどこに優先的に投入するかということは，経営者が日常的に考えていることです。企業は持続的な成長のために，中長期的な事業戦略や経営計画などを策定し，これに従って設備投資計画や技術開発計画，人材確保・育成計画，資金調達計画，買収・提携などの計画に落とし込み，経営資源を配分しています。企業の成長を支える事業分野が災害等によって事業中断に陥り，撤退を余儀なくされた場合，特に企業に与えるダメージは大きくなります。したがって，優先事業は，これらの戦略や計画に密接に関連したものとならなければなりません。

　一方で，優先事業を選定する場合に，どれも重要度に差異がないため一意に

選定できない，あるいは，事故や災害が発生した場合の被害の程度によっても変わるため，あらかじめ特定することは難しい，という意見もよく聞きます。しかし，BCPが経営資源にダメージを受けている中での生き残り策である以上，抽象的なものでは意味がありません。自社が最低限継続させなければならない事業は何かを突き詰めて考えることに意味があり，それは裏返せば，捨てる，または一時的に中断する事業や業務を選ぶことを意味します。したがって，これらに該当する事業や業務の選定は，自社の事業や戦略を十分に理解したうえで行わなければなりません。

　選定にあたっては，全体の売上や収益への貢献度が高い事業だけが候補とは限らないことに注意が必要です。例えば，現在は売上や収益への貢献度は高くないが，今後拡大を見込んで戦略的に取り組む事業や，アフターサービスや保守サービスなど，通常時よりも災害発生時に重要性が増す事業等も候補となります。また，売上や収益性にかかわらず，人命の安全を支える製品や事業，公共性の高い事業等も考慮する必要があります。これらの観点は，自社の存立基盤は何か，社会・市場・顧客・株主などからの要請や期待は何かということ，言い換えると，自社が何を目的として事業継続を果たすのかという，基本方針で定めた事業継続の目的に沿って検討していくことになります。

　具体的な検討の進め方としては，事業を評価する切り口（視点）をいくつか設定し，それぞれの視点から各事業を点数づけして，点数の高い事業・商品を選定するという方法があります。この際，特定の視点について重みづけをすることも考えられます。例えば，重要顧客に対する供給責任，企業理念や企業戦略は，他の項目よりも重くするなどして反映させます。

〈事業を評価する切り口（視点）の例〉
◆売上高
◆収益性
◆マーケットシェア
◆成長性

- ◆ブランド力
- ◆顧客への供給責任
- ◆顧客との契約内容
- ◆公共性
- ◆人命の安全

　このように優先事業が選定できれば，その優先事業を構成する業務のうち早期復旧すべき重要業務を選定します。

　重要業務の選定は，各事業の単位ごとに，製品・サービスの供給を継続するために必要な一連の業務の流れに注目して行います。BCPの策定では，通常まずは自社あるいは企業グループ内のバリューチェーン内（価値連鎖）を対象に重要業務を選定しBCPを策定し，その後，部品供給などのサプライヤーへ拡大しています。

5 復旧目標の設定

　優先事業と重要業務を選定したら，次にそれらをいつまでにどの程度まで復旧させるのか，という復旧目標の設定を行います。

　復旧目標には2つの意味があります。1つは，いつまでに復旧を果たすのかという「目標復旧時間」，もう1つはどの程度のレベルまで復旧するのかという「目標復旧レベル」です。目標復旧レベルは，被災前を100％とした時の操業レベルを設定する場合もあれば，業務の復旧・再開を段階的に設定する場合もあります（例えば，製造業であれば被災前の生産量の50％レベルの供給，サービス業のうちホテル業であれば社会インフラが復旧するまで素泊まりを提供等）。限られた経営資源の中で復旧する場合，目標復旧時間と目標復旧レベルのいずれか一方を優先すると，もう一方の目標を低くせざるを得ないケースがあります。目標復旧レベルを低くするのであれば早期に復旧できるが，目標復旧レベルを高く設定すると，短い目標復旧時間でそれを実現するためには相

当の対応が必要ということになり，どちらを優先した計画とするかが難しいという意見があります。あるいは，できるだけ早く，できるだけ高いレベルの復旧を果たすために最大限の努力をすればよいのではないか，という考え方もあるかもしれません。

しかし，目標復旧時間と目標復旧レベルはいずれも大切であり，重要業務をいつまでにどのレベルまで復旧させるのかを考えること，つまり復旧目標の設定がまさに BCP の本質であるといえます。この復旧目標の設定によって，企業がどの程度の対策をとり，体制を敷くかが決まるからです。

復旧目標を設定するためには，まず，重要業務がどの程度の時間停止したら，あるいは製品やサービスの供給量がどの程度まで低下したら，企業経営上，致命的となるかを検討し評価するビジネスインパクト分析（Business Impact Analysis：BIA）を行います。これには，以下のような定量的，定性的な側面があり，事業を評価する切り口と同様の視点があります。

- ◆当該事業の売上や収益の低減額
- ◆想定シナリオによる人的・物的損害額
- ◆顧客への影響（顧客の損失額）
- ◆今後のシェアに及ぼす影響
- ◆顧客からの要請，契約内容
- ◆市場（株式市場，金融市場）の評価
- ◆企業ブランド価値への影響

理論的には，上記の視点から重要業務の優先順位や目標復旧時間を設定することになりますが，このほかにも考慮すべき点があります。例えば，大地震などの広域災害を念頭においた場合は，まず，人命の安全確保を行う必要があり，これを後回しにして事業継続を優先させることは考えにくいといえます。ある程度は同時並行になるとしても，発災直後命が助かる可能性が高いとされている 3 日間は，人命救助に総力をあげるべきで，このような期間を考慮して目標復旧時間を設定する必要があります。また，外部インフラがどの程度の被

図表3-6　目標復旧時間の設定の例

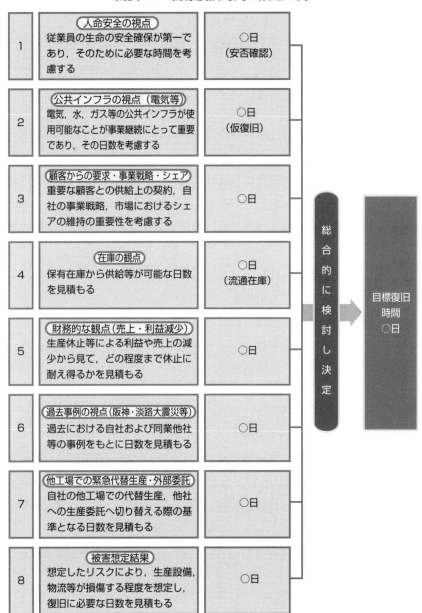

害を受け，どのような復旧状況となるかを公表資料などを元に参考にすること，あるいは，過去に被災経験を有する場合には，どの程度の期間でどこまで復旧したかといった経験値も有用となります。以上のような視点を総合的に勘案して，目標復旧時間を定めます（図表3-6）。

　目標復旧時間がより短く，目標復旧レベルがより高いほど，より実現が難しいBCPになりますが，これに比例して対策コストもかかることになります。例えば大規模地震の場合は，拠点や設備の耐震化，二重化，要員の確保など，対策を完璧にすればするほどコストがかかってしまいます。また，目標復旧時間を達成するために代替戦略をとる場合は，例えばパートナーとなる提携先の選定という経営マターの取組みが必要となる場合もあります。つまり，復旧目標の設定は，経営資源の投資額を左右したり，提携先選定の問題となったりするため，必ず経営者がこれを承認しておく必要があります。また，前述した定量面，定性面の評価であるビジネスインパクト分析については，どのような手法を用いるかによって結果が変化する可能性があります。ここで，時間を十分にかけて精緻にやったとしても，妥当性の評価が難しいのが実情です。したがって，自社にあった方法を選択して評価すればよいと考えます。

6 業務プロセスの分析
(1) 業務プロセス分析の目的

　重要業務が継続されるためには，重要業務を遂行するために必要な経営資源（人，物，情報など）が供給され機能する必要があります。通常1つの事業はいくつかの業務プロセスから構成され，それらが有機的に連関しつつ実行されることで事業が成り立っています。各業務プロセスにおいて必要となる経営資源が何かを分析し，その経営資源への依存度を把握する作業が業務プロセス分析です。

　必要な経営資源とは，具体的には，ライフライン（電気・水・通信など），

ユーティリティ，建物・施設，設備・機械，車両・搬送機，器具・備品，部品，原材料，情報システム，データ，文書，要員・技術者，資金など，当該業務を遂行するのに通常投入されているものです。

業務プロセスを考える場合に注意しなければならないのは，当該事業のサプライチェーン全体を考える必要があるということです。例えば製造業において，ある製品の供給を重要な事業とした場合，その製品を製造している工場の製造プロセスのみならず，資材・原材料・部品等の調達，外注加工，物流のプロセスも含めて検討する必要があります。例えば，広域災害を想定した場合，調達先，協力会社，物流倉庫，アウトソーシング先等の立地条件によっては，自社の拠点と同時に被災し被害が拡大したり，逆に自社は大丈夫であっても，遠隔地の協力会社が被災したため部品の供給が途絶えるということが想定されるからです。

災害や事故が発生した場合，これらの経営資源が被害を受け，通常通りに使用できない（十分に供給されない）という状況に陥り，事業中断に追い込まれます。事業中断を回避し，あるいは事業中断からの回復を果たすためには，以下の対策のいずれか，もしくは組み合わせて準備しておけばよいと考えられます。

① 経営資源が被害を受けないようにするか被害を極小化する措置をとる
② 二重化等の対策をとる
③ 代替策を準備する（当該経営資源によらない業務手順を準備する）
④ 被災した経営資源を復旧させる（再調達する）

業務プロセス分析においては，これらの①〜④についての現状をあわせて調査しておきます。

なお，どの対策を準備しておくか，どのように組み合わせるかは，想定するシナリオが発生した時に経営資源がどの程度被害を受けるのかという「被害想定」と，復旧目標（目標復旧時間，レベル），投資コストを踏まえて検討し，対策の選択を行います。「被害想定」については後述します。

(2) 業務プロセス分析のポイント

業務プロセス分析は，以下の手順で進めていきます。

① 業務プロセス分析の対象範囲を決めます。

② 対象範囲について，経営資源の洗い出しと，その経営資源についての被害軽減策の有無・内容，二重化対策の有無・内容，代替策の有無・内容，再調達期間などの付加情報の調査をあわせて行います。

③ それらの経営資源のうち，被災により当該経営資源の機能が失われた場合に，事業が中断し当該経営資源の機能回復までの時間が事業全体の復旧の制約となりかねない重要な要素（ボトルネック）の特定をします。

その際のポイントをまとめると次のとおりです。

- 対象範囲については，前述したように自社の経営資源だけではなく，アウトソース先，協力会社，物流などの外部を含めたサプライチェーン全体の経営資源も含めて考える必要が出てきます。事業によっては，業務の外部委託先・協力会社がボトルネックとなる場合があります。この場合は，必要に応じて当該協力会社に対してBCP策定の要請を行うことがあります。

- 業務プロセス分析は，当該事業にどのような経営資源が投入されているかを洗い出すことが第1の目的であり，必ずしも細かい手順を詳細に追う必要はこの時点ではありません。例えば，同一の機械やシステムを用いた一連の作業について，その作業や処理の手順までを細分化しなくてもよいと考えられます。

  なお，他の目的，例えばISO9001, ISO14001, ISMS（情報セキュリティマネジメントシステム），内部統制報告制度などの関連で，業務プロセスを分析した資料があれば，その情報を活用することも可能です。しかし目的が異なるため必要な情報が得られるかどうかの確認が必要となります。

- ②の作業は，図表3-7のような作業用のテンプレートなどを用いたり，担当者へのヒアリングを行いながら進めます。

- 重要な要素は最も事業継続上影響が大きいものを1つだけ特定するのでは

図表3-7 テンプレート（医薬品製造工場の例）

No.		1	商品名称		BBB			
工程区分		1	2	3	4	5	6	7
仕掛品名称		原薬		中間品			最終品	
工程名		原料薬品の製造	部品・原材料受入	前処理工程	加工工程	中間検査工程	梱包・最終検査工程	商品一時保管
製造エリア	工場・施設名	X社	A工場	A工場	A工場	A工場	A工場	A工場
	建物名称	Y事業所	B棟	C棟	C棟	C棟	C棟	E棟
主要設備・情報システム		・薬品ピッキングシステム	・入庫管理システム	・洗浄装置 ・自動搬送装置 ・ピッキングシステム	・接着剤塗布機 ・クリーム半田印刷機 ・チップマウンター ・リフロー炉	・インサーキット装置 ・画像処理装置	・自動梱包装置制御マシン	・自動ラック倉庫制御マシン
他拠点・他社での生産代替・委託の可否	可否			○	×	△		
				X社F工場		E工場		

なく，その復旧時間が目標復旧時間を上回るおそれがあるものはすべて洗い出すつもりで，幅広く特定しておきます。

7 被害想定

（1）被害想定の目的

　業務プロセス分析によって特定した重要な要素について被害想定を行います。被害想定とは，想定シナリオの事故・災害が発生した場合に，重要な要素がどの程度損傷するか，機能が制限されるかを分析することです。その分析に基づき，事業継続のために必要となる機能を回復するまでに要する時間や損害額，ビジネス影響等を見積もります。

重要な要素が被害を受けた場合，その復旧方法としては，①予備への切り替え，②他の手段による代替，③修復，などが考えられますが，それぞれ回復までに要する時間やコストが異なります。より多くのコストをかければ，より早く回復する手段を準備しておくことができるかもしれませんが（例えば，重要な要素のすべてについて予備を準備しておくなど）。しかし，被害を受ける可能性が低い場合もあり，備えるためにかけられる費用には限界もあります。被害想定を行うことによって，何に対して優先的に対策を講じると効果的かを検討することが可能となります。

(2) 被害想定の実施のポイント

　特に早期復旧戦略では被害想定が重要です。被害想定は以下の手順で進めていけばよいでしょう。

① 重要な要素について，想定されるリスクに対する脆弱性（例えば，地震を想定している場合は耐震性，火災を想定している場合は耐火性の程度など）を評価します。被害軽減策を講じている場合はそれを考慮します。

② ①を踏まえて，想定シナリオが発生した場合の損傷や機能の制限の程度を評価します。例えば，地震を想定している場合において，設備への損傷の程度を，軽微，甚大，壊滅のようにレベルを分けて評価します。

③ 重要な要素への現状の対策（二重化策，代替策，予備への切り替え）を踏まえて，復旧までの時間を想定します。

その際のポイントをまとめると以下のとおりです。

- 被害の程度については起こり得る範囲で最悪のケース，つまり経営資源が重大な被害を受け，その機能が一定期間の中断・休止を余儀なくされる状況を想定の１つに加えるべきでしょう。「現時点でこの設備が破損してしまうと，そもそも事業が成り立たないので破損はしないことにする」という想定では，安易な計画となってしまい，BCPを策定する意味が薄れてしまいます。最悪のケースを想定した計画を策定しておけば，それよりも

実際に被害が軽かった場合に，より前提条件が緩和されるため流用が効きます。
- 想定シナリオを1つ（例えば，震度6強の地震の発生）に特定したとしても，実際に何がどの程度被害を受けるのかを正確に評価することはできないのではないかという疑問が生じると，被害想定の作業がストップしてしまいます。ここでは，例えば「損傷率○○％」というように，精緻に評価することにこだわらず，軽微，甚大，壊滅のように3段階程度で検討することが奨められています。例えば，早期復旧策を適用できる事態を「軽微な被害」，代替戦略を発動することで対処可能となる深刻な事態を「甚大な被害」，さらに過酷な事態で，まずは人命安全の確保に全力を注ぎ，その後に事業の継続可否について経営者による意思決定が求められるような事態を「壊滅的な被害」と設定します。
- 社会インフラについても，どの程度機能するかどうか精緻にシミュレーションすることは困難です。政府や自治体などの公表資料や過去の災害時の事例を参考にしながら，「○○日間停止」など，まずは一定の被害様相ごとに，想定をおきます。サプライチェーン上においてボトルネックとなりうるアウトソース先，協力会社，物流などについても見落としがないようにします。社会インフラ同様に自社よりも想定がしにくい面がありますが，これらアウトソース先等に対しても入手したBCPの整備状況やリスク対策の実施状況などの情報を根拠にして，一定の被害想定をおきます。

8 事業継続戦略

(1) 複数の事業継続戦略を持つ意義

事業継続では，主に早期復旧戦略と代替戦略の2つがあります。早期復旧戦略は現場の修復を基本に考えるものです。代替戦略はなんらかの代替策を取り入れることで，被災していない場所へ機能を移したり，被災していないところ

からの応援の受け入れ，手段の代替などがあります。

　事業継続には早期復旧戦略と代替戦略の両方を検討することが必要ですが，実際に地震や水害，あるいは火災や情報システムの停止，インフルエンザ等のリスクが顕在化した場合，その被害の様相は異なります。それぞれにおいて戦略をどのように構築すればよいのでしょうか。

　例えば，被害想定を複数考え，被害が小さいほうから，軽微，甚大，壊滅のように3段階程度で検討する方法があります。被害が軽微であれば，その場で復旧を図る早期復旧戦略が有効ですが，被害が甚大なときには，早期復旧戦略だけでは目標復旧時間を達成できませんので，代替戦略が必要になります。さらに経営基盤が壊滅するような場合には，人命安全に全力を注いだ後，事業について経営者が意思決定する危機管理が必要となり，場合によっては業態転換や再構築（リストラクチャ）が必要になります。

　　　　被害が軽微 → 早期復旧戦略
　　　　被害が甚大 → 代替戦略
　　　　被害が壊滅 → 危機管理：業態転換，再構築（リストラクチャ）

（2）早期復旧戦略と代替戦略の対策例

　事業継続の2つの戦略である，早期復旧戦略と代替戦略について，地震や火災等のリスクを例にとって説明します。

■早期復旧戦略の対策例
- 拠点（本社，支店，営業所，倉庫，工場）の建物や設備の耐震補強，転倒防止対策による被害抑止，軽減
- 安否確認，備蓄
- 適正在庫の確保
- 金型の保管

- 経理データの耐火金庫への保管
- 通信機器の増強，非常用発電機の手配
- 工務店，災害修復業者[1]との事前契約
- 人命保護，帰宅困難者対応に関する近隣企業等との協定

■代替戦略の対策例
- 平時からの生産拠点，倉庫などの分散化，多重化
- 他社との提携（お互い様提携；相互支援協定）；OEM，アウトソーシング
- 複数発注による調達先の複数化，代替調達先の確保
- 仮設店舗（テント），移動店舗（自動車）
- 代替販路の確保
- 災害時の在宅勤務
- クロストレーニングによる代替要員の育成
- 手作業への移行
- 情報システムのバックアップシステムセンター；クラウドによる多重化
- 緊急時の代替レシピ，緊急代替設計

(3) 事業継続戦略の実践例

■大手製造業 A 社

情報通信システムを開発製造するグローバル企業である A 社は，事業グループ単位に BCP を策定し BCM に取り組んでいます。

A 社における事業継続戦略は，まずは早期復旧戦略で対応できるように現場の建物や設備の耐震化など被害最小化のための対策を行っています。特に精密

---

1) 災害復旧専門会社であるベルフォア社のサービスでは，重要な機械設備が被災した火災・水災等の損害現場にいち早くかけつけ，特殊薬剤の塗布や除湿，乾燥などにより，汚損や腐食の進行を抑制します（これは「スタビライズ（緊急安定化処置）」と呼ばれています）。さらに機械設備を分解・洗浄し，再組立・検査・試運転を経て，被災設備を災害前の状態に修復します。

機器の製造ラインの場合には同じ工場内で最も強固な免震構造の建物に移設するなどの措置を行っています。さらに重要な製品については，早期復旧戦略で対応できない場合に備え，海外も含めた自社グループ内の生産マップを見直し，他の生産拠点での生産の二重化を徐々に行っています。

システム開発・保守サービスの場合には在宅勤務での対応を代替戦略の対策の1つとして用意しています。

また部品調達に関しては，数千点に及ぶ部品をその供給が途絶えた場合の代替性の観点で，「汎用的なもの」と「特殊性の高いもの」に分け，特殊性の高いものについては，その取引先（一次サプライヤー）に対しBCMの取り組みを支援する一方で，万一，その取引先が被災し供給できなくなった場合に備えた場合の代替方法（在庫の量・保管場所の見直し，別の汎用的な部品への設計の変更など）について検討し，計画を策定しています。

■自動車部品製造業B社

最先端技術を駆使した自動車のコア部品（X）を製造し，複数の大手自動車メーカーに製品を供給する一次サプライヤーであるB社は，大手自動車メーカーからの要請でBCP・BCMに取り組んでいます。

B社における優先事業は，重要車種に関するコア部品（X）生産です。目標復旧時間（RTO）は，大手自動車メーカーから14日と指定されています。したがってB社の事業継続戦略は，現場の復旧で14日以内に製造・出荷が可能な場合は「早期復旧戦略」，それ以上かかりそうな場合は，別の工場で生産する「代替戦略」となります。

そのため，①「復旧戦略」で14日以内に出荷できるかの見極めを災害発生から2，3日で行うための準備，②代替生産工場の確保，の2つの準備が必要となりました。①については，製造ラインや金型の被害程度とライフラインの復旧時間を変動要素として，再開時期を判定するための標準工程表を用意しています。②については，海外のグループ内工場の生産ラインの組み換えが可能

なように金型の二重化を計画しています。

■大手卸売業C社

全国に多数の物流センターを持つ大手卸売業C社では，全国の地域ブロックごとの支社単位にBCPを策定し，訓練等のBCMの取組みを行っています。

その戦略は，各地域ブロックをさらに6から10程度のエリアに分け，各エリア内の物流センターをグループ化して対応するところに特徴があります。

大規模災害時には，同一エリア内の物流センターは同時被災することが予想されるため，エリアグループを超えた単位で代替物流を行う計画をしています。エリア単位に責任者を指定し，エリア責任間で情報交換して，「人」「車両」「商品スペース」の再配置のための対応方法を協議して決め，対応することにしています。エリア単位での代替戦略も不可能な場合は，支社間で「人」「車両」「商品スペース」の再配置を協議することにしています。

■地方銀行D社

地方銀行D社では，本社（非常事態対策本部），コンピューターセンター，および営業店等それぞれの重要業務と災害時の行動計画を策定しています。

本社・コンピューターセンターについては，それぞれの代替場所を用意しています。それぞれの重要業務を代替場所でも実施できるよう備品等の準備もしてあります。

使用不可となる営業店の代替拠点については，展開している地域を20のエリアに分け，各エリアにおける「優先稼動店舗」を，地理的な状況・店舗の規模・自家発電装置の設置有無などを考慮して選定し，対応するよう計画しています。

ただし，災害時には，対策本部において全体の被災状況に基づき，必要であれば，無被害あるいは被害の少ない店舗において，電力等の経営資源が確保できない場合でも営業を継続することを検討する，として柔軟に対応することに

しています。

■地域スーパーE社

　津波被害リスクの高い沿岸地域を含む3県にまたがり26店舗を持つ地域スーパー大手のE社は，災害時の地域住民への水・食料等の供給に重要な役割を担っており，その使命感からBCPの策定とBCMによる改善活動に積極的に取り組んでいます。

　E社の事業継続戦略は，災害時に各店舗の被害状況を確認し，S，A，B，Cの4ランクに分け，各ランク別に店舗営業の早期再開戦略を持っている点に特徴があります（図表3-8）。

　また，商品の仕入れ先についても，通常ルートによる仕入れができない場合は，会員制流通グループからの支援が受けられるよう協定を締結しています。

図表3-8　被害状況に応じた店舗再開戦略

	被害の状況	店舗再開戦略
Sランク	壊滅，または津波浸水が長期化	当面，営業停止。社員は近隣の営業店舗に出勤。店舗再建後，または水が引いてから店舗再開。
Aランク	浸水したが浸水は短期的	いったんは営業停止。その間は社員は近隣の営業店舗に出勤。水が引いてから店舗再開。
Bランク	店舗内が損壊	店内販売が危険な場合は，駐車場等でワゴン販売を実施。
Cランク	ほぼ被害なし	後片付けして即再開。

■水産加工業F社

　東日本大震災の津波により，漁港近くにあった水産加工工場が被災した経験を持つF社は，その経験を活かし，特徴的な事業継続戦略を持っています。

　東日本大震災では，1年以上も漁業が中断し生活が困窮する結果となってし

まいましたが，その直接的な原因は，港と加工工場の復興に時間がかかったことによるものでした。ところが漁船と漁師の大半は無事だったのです。そこでF社は，今後のことを考え，関東地方の港にある同業者と協定を締結し，万が一の際には，お互いの漁船と漁師を港に受入れ，加工工場や物流ルートも使用できるようにしました。

このように，同時被災しない場所にある同業者との協定は，事業継続戦略の有効な手段の1つとして注目されています。

熊本地震における企業のBCP事例

熊本地震が発生した2016年は東日本大震災から5年が経過し，事業継続に取り組む企業も多くなっていました。そのため，BCPの発動事例も多くみられました。

◆製造業
- 東日本大震災以降，サプライチェーンの被災を想定し高度化を進めてきた代替調達によるBCPが機能し，目標復旧時間である1週間を目途に完成品の製造を再開させました。
- サプライチェーンが被災した企業は，代替戦略により金型を取り出し国内のグループ会社の工場や海外での代替生産を行いました。ただしこれらの代替生産の対応のため数十億円のコスト負担が発生しました。
- 東日本大震災の被災を踏まえて情報発信を強化し，また耐震補強や複数工場での同時生産体制を敷いていたことから22日に一部生産の再開を果たし5月末には完全復旧をしました。
- 非被災地の工場で代替生産を実施しました。一部の製品は代替生産ができず半年後の操業再開を待ちました。なお，地震保険に加入していたため経済損失は軽減されました。

- 県外企業の委託生産強化による代替生産を実施しました。工場は3週間後に一部復旧し，5週間後に完全復旧しました。
- 被害程度が比較的軽微であったため早期復旧戦略を発動し，2週間後に生産再開を果たしました。日常からお客様情報をデータベース化しており，お客様との連携を進めて被害を軽減しました。

◆流通業

- コンビニエンスストアでは，熊本の惣菜工場が被災したため，必要な販売用弁当を隣接の福岡から調達し，それらの不足分を北九州から，さらにその不足分を山口から調達する玉突き支援を実施しました。
- スーパーでは，建物の安全確認に時間がかかることから，地震後すぐに駐車場にて青空市場を開き，食料や飲料水など生活必需品の販売の継続を行いました。
- 土産物や惣菜等を中心に地産地消を行っていたところでは，観光客の減少や被災による市民の需要の減少が発生しました。地震当時はBCPがなく事業継続としての取組みではありませんが，事後の危機管理として東京や大阪などの復興支援のイベントに出品するなど，販路を県外に拡大することにより売上を確保した事例があります。

◆ライフライン，運輸，金融

多数のお客様を被災地域にかかえる電気，ガス，通信，水道などの事業者では，非被災地の同業他社からの応援要員の受け入れ（受援）を行いました。トラックの運転手や車両が不足した運輸会社では全国の同業者から車両と運転手の応援が行われました。また，損害保険会社においても同様に全国各地から応援要員を熊本に派遣し，地震保険等の早期の支払を実施しました。

◆中堅企業・中小企業

　地場の中堅企業・中小企業では事業継続の取組みが進んでいないことが多く，熊本地震においてもこれらの企業は復旧に苦労しました。熊本県では地域経済の復興のために東日本大震災に効果がみられたグループ補助金制度を実施しました。この制度は復興事業計画の認定を受けたグループの構成員に対して，熊本地震により被害を受けた施設・設備の復旧に要する経費を対象に補助金を交付するもので，対象を①商店街型，②サプライチェーン型，③経済・雇用効果型，④地域の基幹産業集積型，⑤観光サービス型に分類しています。事後の復興支援は将来を保証するものではなく，基本は自助であるため，やはり各企業が事前に事業継続の取組みを強化することが求められます。

9 BCPの文書化

　事業継続戦略を実行可能とするため，事前対策や災害発生時の対応を具体化して行動計画に落とし込んだものがBCP文書です。

　BCPの文書化にあたっては，平時において，今後実施すべき課題（事前対策）が明確で進捗管理がしやすく，文書の見直しや改訂が容易にできることが必要です。また，災害時に参照する部分の記述はわかりやすく，文章量が多くなりすぎないように配慮することが必要です。そこで，災害時の部門別の対応はアクションチェックリストとして抜き出して管理することや，BCP策定の過程で作成された各種分析資料は，BCPの分冊として切り離し，全体の分量が少なくなるよう工夫するのも一案です。

　BCP策定対象の事業部門やグループ会社の数が多い場合や，BCPの改訂履歴や，教育・訓練・監査などのルールや規程が増えてきた場合に，文書管理の煩雑さを低減するためにBCMの運用の仕組みを記述する部分を，「BCM運用マニュアル」として分冊にしている事例もあります。

図表 3-9　BCP 文書の目次構成例

```
1. 基本方針                          4. 行動計画
   1.1  基本方針                        4.1  部門別行動計画
   1.2  文書体系
   1.3  対象範囲                     5. 事業継続マネジメント（BCM）
   1.4  開示範囲                        5.1  事業継続マネジメントの推進体制
                                       5.2  事前対策の実施計画
2. 非常時の組織体制                    5.3  教育・訓練
   2.1  設置基準，設置場所              5.3  事業継続計画の点検と改善
   2.2  組織体制と指揮命令系統
   2.3  各チームの役割              6. 付属文書
   2.4  従業員の行動基準

3. 事業継続戦略
   3.1  リスク分析・被害想定
   3.2  重要業務
   3.3  事業継続戦略
   3.4  事業継続の発動基準
   3.5  事前対策
```

　一般的な企業の BCP 文書の目次構成例を図表 3-9 に示します。

　内閣府や中小企業庁では，BCP 策定のためのガイドラインや様式集を公開していますので，それらを参考に文書化を進めることも一案です[2]。

　このほか，地方自治体や業界団体，民間企業等でも BCP の策定に役立つガイドラインやツール等を公開しています。

　図表 3-10 は東京海上グループが中小企業向けに展開しているツール「簡

---

2)　内閣府「事業継続ガイドライン第三版」
　　http://www.bousai.go.jp/kyoiku/kigyou/keizoku/pdf/guideline03.pdf
　　中小企業庁「中小企業 BCP 策定運用指針」
　　http://www.chusho.meti.go.jp/bcp/

図表 3-10 簡単・早わかり！大地震発生時の初動対応とはじめての事業継続計画（BCP）策定シート　製造業版】

注）　製造業・建設業・小売業・運輸業・旅館ホテル・高齢者介護施設など全 11 種類を展開しています（2017 年 12 月現在）。

単・早わかり！大地震発生時の初動対応とはじめての事業継続計画（BCP）策定シート」[3)4)] です。これは初めから本格的な BCP 文書を策定するのではなく，BCP のエッセンスを A3 サイズ一枚に凝縮することで，「はじめの一歩」として利用できるツールになっています。

---

3)　本シートを活用した BCP の裾野を広げる東京海上グループの取組みは，一般社団法人レジリエンスジャパン推進協議会主催の「ジャパン・レジリエンス・アワード（強靱化大賞）2017」において「優秀賞」を受賞しています。
4)　本シートの作成・活用等に関するお問い合わせは，東京海上日動の営業担当者までご連絡ください。

10 実効性を高める BCM の取組み

(1) 教育・訓練

　BCP を策定し，種々の事前対策を講じていても，経営者や各部門のリーダー，従業員が BCP で計画された内容を理解し，BCP の遂行に必要な知識や能力，技能を持っていないと，いざという時に的確で迅速な判断と計画に基づく行動はできません。「不測の事態」を実際に何度も経験することはできない以上，日常から多くの役職員が不測の事態にかかわる教育・訓練を受けておくことが重要です。また，BCP は一般的には机上で検討を行い，対応策が立案・整理されるものです。したがって，策定された計画が真に実行可能なものであるかを検証すると同時に，実効性を高めるための課題を洗い出し，計画の見直し・改善につなげていくことも必要となります。さらに，BCP を継続的に改善し，維持・運用し続けていくには，役職員が BCP や BCM の重要性を認識し，常に危機感を持ち続けるような仕掛けを作ることが重要となります。

　ここでは，事業継続にかかわる教育・訓練を企画・実施する際に必要な事項について説明します。

1) 教育・訓練の目的と目標の明確化

　教育・訓練を企画，実施する場合には「何のために教育・訓練をするのか」（目的），そして，その目的を達成するために「どのような項目をどこまで教育・訓練すべきか」（目標）を明確にすることが重要です。

　この目的と目標を明確にするためには，正確に企業の現状のレベルの対応能力を把握することがきわめて重要です。教育・訓練の実施には相応の工数がかかりますので，特に規模の大きな訓練の場合は年に何度も実施できません。限られた教育・訓練の機会で最大限の効果をあげるには，現状のレベルや課題を把握したうえで教育・訓練の目的・目標を設定し，それに合致した対象者，教育・訓練方式，訓練シナリオ等を選定することが重要です。

2）教育・訓練方式の選択

目的と目標を設定したら，参加者の習熟度にあわせて最適な教育・訓練方式を選択します。

教育と訓練は，厳密にいえば次に示すような違いがあります。

◆「教育」とは，組織ならびに従業員にとって必要となる職務能力を構成する『要素能力』（職務知識，職務遂行のための技能および職務に取り組む態度等）を外部から育成していくことです。

◆「訓練」とは，組織ならびに従業員が，教育によって得られた知識・技能・態度等を実際に活用し，計画を遂行できるようにするため，反復実施させ，是正させつつ，職務遂行能力として身につけて使いこなせるようにすることです。

すなわち，事業継続にかかわる教育・訓練を企画，実施する場合には，まず，その対象者のレベルに応じ，「教育」に主眼をおくのか，「訓練」に主眼をおくのかを決定する必要があります。また，教育・訓練の実施後，課題や不具合事項が抽出された場合には，知識技能が不足していたのか，知識技能を発揮できなかったのかを明らかにし，次回に反映させることが重要です。

さらに，事業継続では，「不測の事態」への対応が求められます。そのため教育・訓練の企画・実施に際しては「考えさせること」を重視する必要があります。例えば，訓練の1つの方式として「読み合わせ訓練」があります。この訓練では事前にシナリオや指示内容を記載した原稿を配布し，それを読み合わせるので，対応策の整合性の確認やその抜け漏れなどの確認はできますが，参加者に「臨機応変な対応策を考えさせること」はできません。そこで，不測の事態において意思決定力や応用力が問われる経営者や部門のリーダーに対しては，事前にシナリオ等は開示せず，訓練の中で付与された状況に基づき，参加者自ら考えて判断・意思決定を行うシミュレーション型の訓練が有効であるといえます。このような訓練によって，緊急時においても自らの判断で的確に対

処し得る人材の育成が可能となります。

3）訓練シナリオの作成と事前準備

　教育・訓練の企画・実施には，相応の事前準備が必要となります。特に，シミュレーション型の訓練をより効果的に実施するためには，策定したBCPや各種マニュアルに定められたルール，対応手順を確認しながら，当該訓練で扱う危機的事象と訓練中に検証を行う課題を設定し，それらにあわせた訓練シナリオ（災害の規模や被害程度，発生時間帯，訓練の対象とする時間軸，社内外で発生する事象，等）を的確に作成する必要があります。

　シミュレーション型の訓練は仮想の状況を想定するものですが，現実に起こる可能性があまりに低いと，訓練参加者の士気をそぐことにもなりかねないため，国や地方自治体等が公表している被害想定（震度分布図，ハザードマップ，ライフラインの復旧日数）等も参考にするとよいでしょう。そして参加者に気づかせたい課題や期待される対応を意識しながら，訓練の肝となるべき重大な局面を用意することが重要です。この局面では，参加者がすぐには思いつかないような想定外の事象や，被害想定より少し厳しめの被害程度を設定することで参加者の判断力や応用力を検証することも推奨されます。

　教育・訓練当日に進行を円滑に行い，十分な成果をあげるためにも教育・訓練の会場・レイアウトの設定や使用する資料や資機材の準備等，事前準備は念入りに行う必要があります。とりわけ初めて大規模な訓練を行う場合には，事前に訓練参加者に対して訓練の概要・目的・位置づけ・前提となる知識等について十分に説明しておくことが求められます。

　このような一連の事前準備のプロセスを実践することは，事業継続や緊急対応にかかわる手順の理解を深め，計画の不具合事項の抽出・改善にもつながるものであり，組織としての総合力の向上を図るうえできわめて有効です。

　教育・訓練の事前の企画・立案，当日の実施・運営，事後の評価・課題の洗い出しまでを自社のみで実施することはなかなか容易ではありません。その場

合それらの全部または一部を専門家等の第三者に委託することも一案となります。ただし，第三者にすべてを丸投げするのではなく，特に事前準備や事後の評価・課題の洗い出しにはコアとなるメンバーが積極的に参画することが重要です。

4）教育・訓練プログラムの例

　教育・訓練を立案する際の参考として以下に教育・訓練の目的，対象者，実施内容の例を示します（図表3-11）。能力を向上させるにはこれらのさまざまな訓練を適宜実施することが望まれますが，一度に何もかも実施しようとせずに，年間計画の中で分散して行うことで事務局や参加者の負荷が軽減されます。

図表3-11　教育・訓練プログラムメニューの例

No	種別	プログラム名	対象者（例）	概要
1	座学	集合研修・講義	経営者，各部門リーダー，全従業員	災害事象の基礎知識（地震・津波学，気象学，土砂災害論，火山学など），被害想定・ハザードマップ，BCP・各種マニュアル，過去の災害事例について講師が解説・紹介を行う。
2	座学	e-ラーニング	全従業員	e-ラーニング・システムを活用し，例えば，自社拠点の自然災害環境，全社ならびに自部門のBCP・各種マニュアルの内容を周知するとともに理解度の把握を行う。
3	座学	読み合わせ・机上型ウォークスルー	経営者，各部門リーダー，対策本部要員，重要業務要員	全社ならびに自部門のBCP・各種マニュアルのうち，例えば重要業務の実施手順や判断基準等について机上にて読み合わせを行う。あわせて，マニュアルに記載のない詳細な内容を確認する。
4	実働訓練	避難訓練	全従業員	立地や業務内容に応じて地震，津波，火災等を想定し，建物からの避難誘導，怪我人搬送，要援護者の支援，人員点呼等を行う。
5	実働訓練	安否確認訓練	全従業員，各部門リーダー，対策本部要員	安否確認システムを活用し，従業員は自身ならびに家族の安否登録を行い，各部門リーダーや対策本部要員は安否情報を集計し対策本部組織の長に報告を行う。
6	実働訓練	情報伝達訓練	各部門リーダー，対策本部要員	他の事業所との間で，無線や衛星携帯電話など通信機材を用いて，従業員の安否や建物等の被害に関する情報の伝達，集約を行う。
7	実働訓練	対策本部設置訓練	対策本部要員	対策本部設置予定場所に資機材を持ち込み，レイアウトに従って配置する。所定の時間内で活動が開始できるか，非常用発電機等の資機材を使用できるか，等を確認する。

8		初動対応を対象とした対策本部訓練（机上型シミュレーション訓練）	経営者,各部門リーダー,対策本部要員,重要業務要員	発災直後〜数日の初動対応において対策本部が判断・指示すべき事項を設問として提示し，一括して付与される社内外の被害やシナリオを踏まえて，一定の時間内でチーム内で討論を行い，設問への解答をまとめる。参加者のレベルに応じて設問やシナリオを柔軟に設定することが可能である。
9	図上訓練	事業復旧・重要業務を対象としたBCP訓練（机上型シミュレーション訓練・ワークショップ型訓練）	経営者,各部門リーダー,対策本部要員,重要業務要員	発災当日〜数日のBCPの重要業務の実行，事業復旧に向けた対応について，各部門毎ないし複数部門が連携して実施すべき事項を設問として提示し，一括して付与される社内外の被害やシナリオを踏まえて，一定の時間内でチーム内で討論を行い，設問への解答をまとめる。部門としての判断や活動内容，他部門との連携方策を可視化したり，BCPに記載された手順書の確認・検証に応用可能である。
10		初動対応・事業復旧を対象とした対策本部訓練・BCP訓練（リアルタイム型シミュレーション訓練）	経営者,各部門リーダー,対策本部要員,重要業務要員	発災直後〜数日の初動対応において対策本部が判断・指示すべき事項，事業復旧に向けた対応について，刻々と変化する社内外の状況を訓練中に連続的に付与する。対策本部のチーム，または各部門毎に情報収集・整理・分析・判断・指示の一連の情報処理プロセスを実践すると同時に訓練目的に応じて提示される課題への対処を検討する。
11		連携方策の確認を目的とした対策本部訓練・BCP訓練（リアルタイム型シミュレーション訓練）	他事業所，グループ会社や仕入先・外部委託先企業の経営者,各部門リーダー,対策本部要員,重要業務要員	発災直後〜数日の初動対応，BCPの重要業務の実行，事業復旧に向けた対応について，参加事業所・参加企業との間で情報の伝達・共有を実際に行うと同時に，それらの情報に基づいて分析・判断・指示の一連の情報処理プロセスを実践すると同時に，連携方策の確認が必要な課題への対処を検討する。

5）重要な意思決定訓練

　教育・訓練には，事業継続の知識を習得するe-ラーニングや避難訓練，安否確認訓練，要員参集訓練，情報システムのバックアップシステム稼動訓練，衛星携帯電話や無線送信訓練などの行動を体得させる訓練のほかに，より重要な訓練として，意思決定訓練があります。これは，社長など最高意思決定者や，災害対策本部の各責任者などが，被災時に短時間で早期復旧戦略か代替戦略を発動するのかという判断や，代替場所で実際に生産・サービスを提供する際の意思決定や段取りの確認を行う訓練です。

　複数の被害想定を持つ必要性を先に示しましたが，実際の被害は想定シナリオどおりには発生しません。情報が不足したり，思わぬところの被災があるのが常です。そこで，経営者をはじめとする対策本部などの意思決定者はさまざまなシミュレーションをもとに意思決定をする経験を積むことが不可欠です。以下に経営者向けの机上訓練で用いたケーススタディをご紹介します。

【経営者向けケーススタディの例】

> 　大地震が夜間に発生した。夜明けとともに工場構内の被害状況の確認，安全通路の確保，散乱したパソコンや機械，書類などの片付けなどを実施した。建物の被害は大きく，工場内の機械設備などの損傷は中程度であることがわかった。一方自宅に帰宅していた社員から安否確認システムに自宅の状況が通報され始めた。被害の程度は思ったより重く，本社および本社工場の従業員500人のうち，家族が亡くなられた従業員10人，自宅の全壊・全焼30人，半壊・半焼40人，一部損壊100人，借家の全壊全焼15人，半壊半焼10人，一部損壊20人，家屋の被災した従業員は合計215人と約50％にあたることが判明した。
>
> 　納品先には順次，第二工場の現在の生産体制で生産できる品目と本社工場の倉庫に保管して無事であった20％の在庫について連絡し，当面の納

品状況の調整を行うこととした。サプライチェーンの部品供給企業の被害状況が少しずつ把握できてきた。納品先のうち，最重要顧客が10日をメドに復旧生産できるかどうか打診してきた。

〈設問：代替戦略発動判断〉
　工場の被災状況からみて10日間で復旧ができるかどうかは微妙である。このまま早期復旧を行うか第二工場の代替生産を発動するか決断しなさい。また代替生産を行うと第二工場で現在生産中の製品の製造を一時中断する必要があるが，その場合の考慮点を明確にしなさい。

　このようなケーススタディを災害対策本部要員で議論する机上型シミュレーション訓練のほか，実際の災害を模擬するリアルタイム型シミュレーション訓練があります。これはテレビやラジオ情報，会社内各所からの災害対策本部に入るさまざまな情報を，実際さながらに参加者に状況付与し，それに基づき実時間に近い状況で意思決定し，さまざまな指令を発信する高度な訓練です。
　BCP発動を経験する機会はごく稀です。その時あわてずに指揮をとるためにはこのような臨場感のある訓練が有効です。

(2) 点検・見直し

　各年度の活動総括として，BCPや各種マニュアルの内容，事前対策の実施状況，教育・訓練などの活動状況について点検を行うとともに，BCPの見直し・改善を行う必要があります。経営者や各部門のリーダーは，点検によって得られた課題や，それらに対する見直し・改善状況を把握し，その内容が不十分であれば適切な指示を行うことが必要です。
　経営者，ならびにBCM推進組織の責任者は，点検・見直しの状況を踏まえて翌年度の活動方針を策定します。BCPの策定から始まり，経営者のレビューと翌年度の方針展開といった一連の活動，つまりBCMのPDCAサイクルが

適切に回っているかどうか,経営者や部門リーダーの管理・監督が有効に機能しているかどうか,部門や事業所によって活動の濃淡がないかどうかについての点検と見直しも重要となります。

点検・見直しの際には,正しい現状認識を持ち,事業活動の変化を十分踏まえることも求められます。例えば,新製品の導入を含めた事業内容の大小の変更・再構築,会社を取り巻くリスク環境の変化,新しい設備の導入や拠点における設備レイアウト変更,事業所の移転等,優先事業や重要業務に変更等が生じた場合にも,そのつどBCM全体を見直し,必要に応じて対応を行う必要があります。

11 BCPの策定にあたり考慮すべき事項

BCPの策定にあたっては,事業を構成する経営資源である,人(組織)・物・資金・情報(IT)の全般について対策を講じる必要があります。また,自社だけでなく,サプライチェーンも考慮に入れることを忘れてはなりません。

ここでは,以下の項目について,解説します。

- 組織体制・指揮命令系統の明確化
- 本社等の重要拠点の機能の確保
- 商品・サービスの供給関係
- 情報システム・重要な情報のバックアップ
- サプライチェーン,ロジスティクス
- リスクコミュニケーション
- リスクファイナンス(財務手当て)
- 組織横断的な協力体制
- 外部委託先管理

(1) 組織体制・指揮命令系統の明確化

　これにはまず組織体制と役割を整理すること，責任の所在・権限委譲・代行順位を決めること，さらには緊急対応・代替（復旧）対応における行動要領を決めることなどが含まれます。

　まず組織体制ですが，通常，危機対応のための組織を考えた際には，対策本部長をトップにした組織を思い描くかもしれません。もちろん基本的にはトップの指導のもと，有事の体制を運営していくことになるのですが，ここでは事業継続を念頭においた体制はどのような形が望ましいかについて考えます。

　災害などの緊急時対応については，防災の観点からの対策はある程度準備しておくことができます。むしろ，定型化できる業務も多いのではないでしょうか。たとえ予測不可能な事態が発生し，非定型的な判断が求められる場面でも多くの場合，災害対応を所管している総務部などの担当役員で判断ができることだと思います。

　しかしながら，商品やサービスの継続に関して対応する場合，総務担当役員だけでは決められない，あるいは生産担当役員だけでも判断しきれないことが予想されます。「重要事業から復旧する」ということは，言い替えれば「当面の間，復旧を見合わせる事業もある」ということになります。

　やはりここは，経営トップが復旧に関する全社的な判断をする必要があります。したがって，極力経営トップがフリーハンドになるような位置づけとし，そのためにはすべての情報を経営トップにあげるという組織構成を検討する余地があると思います。「緊急時対応の業務」はできるだけ定型化しておく必要があるでしょう。

　次に，組織体制が決まったら，各組織の役割を明確にしておくことが必要です。緊急時の重要業務については基本的に漏れがないよう，該当組織にその役割を割り当てます。万が一，訓練などで抜け落ちている業務が発見された場合は，適切な組織に役割を追加しさらに充実させていきます。また，遊軍的な役割を担う組織・人員を決めておき，臨機応変に対応できるようにしておくとい

う方法も考えられます。あわせて，それぞれの組織への権限と責任の所在を明確にし，権限の委譲のルールを決めておくことが求められます。また，「重要業務」の遂行に必要な人が必ず揃うとは限らないため，あらかじめ代行順位を決めておく必要があります。

さらに，災害発生時において，前述した組織体制に速やかに移行し役割を果たすための行動要領を定めておく必要があります。例えば，災害対策本部の設置場所，手順，参集方法，連絡ルート，責任者が不在のときの対応方法をそれぞれ平日・休日，日中・夜間ごとに定めておくことが重要です。

(2) 本社等重要拠点の機能の確保

防災対策としても重要ですが，BCPの観点からは次のようなことがいえます。

まず前提として，本社の機能が停止する事態を想定に加えておくべきです。従来では，本社は正常に機能する前提で，本社以外の拠点が被災した場合の対策を講じているものが多くありましたが，2001年の米国同時多発テロの例を持ち出すまでもなく，「本社の機能停止」を想定することはBCPの対策を練る上で必須の項目となります。

本社はさまざまな機能が集中しており，中には決裁・審査に代表されるように企業の意思決定や人事，財務といった，企業の中枢を担う機能もあります。そのため，これらの機能が長期間停止することを避けるために，本社の機能を担える代替拠点を確保し，そこで優先的に行うべき業務を立ち上げる必要があるでしょう。代替拠点を確保する場合は，想定される災害の影響を受けない，もしくは影響が少なく本社から近い場所，または災害に強い構造の建物（できれば複数）を選定し，さらにその拠点に実際に人が集まるかどうかや，代替拠点で業務がどこまでできるのか（収容人数やシステム環境などの制約はどうなっているか）といったことをできる限り詳細に調査しておく必要があります。

また，本社機能が東京にあり首都圏が被災するという想定をおいた場合，あるいは直接的に東京が被災しない場合でも，何らかの事情により拠点への立入りができない（例：原子力災害による制限など），計画停電，電力使用制限で十分な操業ができないなどの場合には，例えば関西の拠点などを代替拠点とし，直接的な影響を受けない場所に対策本部や本社の一部機能を移管する計画を立てている企業もあります。この場合，あらかじめ代替拠点に委譲する権限の範囲の決定や業務の実施に不可欠な執務環境，バイタルレコードなどの事前準備・調整が必要となります。さらに，その運用のためのルールも準備しておかなければいけません。単に遠方の拠点に本社機能の代替をさせることを決めるだけでは不十分だと思われます。

(3) 商品・サービスの供給関係

事業継続戦略上重要と位置づけられた商品やサービスについての供給を継続するうえで，重要となる要素に対してあらかじめ対策を打っておくことが必要です。

まず生産機能を考えた場合，既存の組織は通常のオペレーションが円滑に行えるよう最適化が図られています。しかし，BCPを検討する場合，緊急対応を脱した後の復旧対応の場面では，制限的な経営資源であらかじめ定めた重要業務をどのように復旧させていくかという状況を想定する必要があります。またこのような状況では，既存の組織や社内の枠組みを越えた連携体制を検討する必要があります。

近い将来大地震が予測される地域の企業では，すでに相当の投資を行い，建物の耐震化を進めるとともに機械設備の固定や配管類の固定あるいは二重化などの対策を実施していることが多くなっています。しかし，建物，機械設備の耐震化対策をとったとしても，震度6強クラスの地震が発生した場合には，一定程度の被害を被るおそれがあります。そこで，同じ工場内でも重要製品に関するラインを最優先で復旧するという計画を，あらかじめ定めておく必要があ

ります。さらに，東日本大震災における企業の事業継続事例を踏まえた場合，代替戦略の必要性が高まっているといえる（本章1(2)参照）ため，例えば，代替手段として別の工場にラインを移設する，あるいは協力会社や他社からOEMを受け，生産そのものの移管を行うという方法なども考えておく必要があります。実際，先進企業の中には，取引先の要請や生産能力増強などをきっかけとしてセカンドプラントを持っているところもあり，東日本大震災においても，代替戦略を持っていた企業がうまく対応できた事例なども確認できています。また，復旧手段としては，あらかじめ脆弱な部分を特定しておき予備品の用意をすることにより，被災後の被害の復旧を短時間で行えるよう手順を決めておくなどの対策が考えられます。

　注意すべき点は，地震などの広域災害を考える場合，従業員やその家族，関係会社も同時に被災する可能性が高いことです。そのため，出社可能な従業員をどの程度見込んでおくのか，社員の中でも特定の役割やスキルを持った人間をどのように確保するのかを検討し，従業員の出退社基準を定めておく必要があります。

　また，周辺のインフラがどの程度被害を受けるかということについては，生産機能やサービスの供給機能の回復において重要な要素となります。例えば，電力，上下水道，ガス，通信，そして交通インフラなどについても被害を想定し，対策を講じておく必要があります。特に電力の回復については，動力源の中でも最も重要なものです。過去の震災時の記録を見ても少なくとも4日から1週間は電力会社からの送電がない状況を想定しなくてはなりません。

(4) 情報システム・重要な情報のバックアップ

　情報システムは事業を支える重要な機能になっています。情報システムのバックアップ手段としては，ホットスタンバイやコールドスタンバイなどの方法が存在します。ポイントは，バックアップの方法論以上に重要事業を構成する各業務プロセスがどのシステムに紐づけられているかということを具体的に把

握することにあります。

　コンサルティングの現場でも，情報システム部門にとっての重要業務を考えるとき，情報システム部門だけでは重要業務は決められないとの声を多く聞きます。なぜならば，重要事業の主役であるユーザー部門にとっての重要業務が何であるかということを特定したうえでないと，情報システム部門としての対策がとれないためです。ユーザー部門の重要業務が何かということを特定した後，それがどのようにシステムに関連づけられているかということや，業務の重要度がどのレベルなのか，例えば本当に高度なバックアップ対策をとって，システムがダウンしないようにする必要があるのかどうかといったことを決めることが必要です。すなわち，情報システムのバックアップ対策の可否は，自社にとっての戦略と深く結びついています。

(5) サプライチェーン，ロジスティクス

　災害時において，自社では重要業務を継続できる万全な体制をとっていたとしても，外部調達する原材料や部品などのサプライヤーの生産や各種の業務の外部委託先が被災し供給やサービス提供が中断してしまうと，自社までもが事業中断に陥るおそれがあります。

　大規模なサプライチェーンの途絶事例としては，2007年の新潟県中越沖地震があります。自動車部品メーカーの生産が停止し，当該部品の供給が滞ったために自動車メーカーの完成車生産へ大きく影響しました。2011年4月に経済産業省が行った「東日本大震災後の産業実態緊急調査」では，2011年の東日本大震災において，「原材料，部品・部材の調達が滞っている原因」として「調達先が被災」「調達先の調達先が被災」が主因とされています。2011年に発生したタイ水害でも，タイ拠点の直接的な被災が10％強にとどまっているにもかかわらず，半数以上の企業が「（洪水による）何らかの影響有り」と回答したとのアンケート結果（日本政策投資銀行［2011］「円高・タイ洪水などに関する取引先ヒアリング結果」12月10日）も出ており，サプライチェーン

全体を考えた対応が求められてきていることがわかります。

　このようにサプライチェーンリスクが顕在化する中で，企業はどのようなことをBCPの中で検討しておくべきでしょうか。例えば調達部門において，あらかじめサプライヤーのリストを作成しておき，その中から重要なサプライヤーを洗い出し，そのサプライヤーが被災したことを想定したBCPを考えておくことが必要と考えられます。具体的には，重要なサプライヤーに関して，その機能が停止した場合に自社の生産・復旧計画に与える影響を評価し，それを踏まえて複数購買にしたり，現サプライヤーに他の拠点での代替生産ができる体制構築を要請したり，在庫を積み増したり，災害発生時の復旧支援の体制を構築したり，などの対応策が必要です。

　また，サプライチェーンの物の流れを維持するためにはロジスティクス（物流機能）が不可欠です。企業によってはグループ内に運輸子会社を擁していたり，物流機能全体をアウトソーシングしていたりとその形態はさまざまです。また当然のことながら，物流機能は在庫管理の機能もあわせ持っています。在庫積み増しによる供給継続を事業継続戦略とするケースもあり得るので，普段から想定シナリオをもとに物流会社と災害時の対応を協議しておくことが望まれます（詳細は第5章参照）。

(6) リスクコミュニケーション

　災害や事故が発生したり，発生の可能性が予見された場合，企業の組織内や協力会社との間でリスク情報に関する認識を共有し，顧客・株主・地域住民などのステークホルダーに対して，適時・適切にリスク情報を伝達する必要があります。このようなリスク情報の収集・分析・連絡・発表などの一連の活動がリスクコミュニケーションです。

　例えば，災害発生時においては取引先の被災状況の確認に加え，取引先からのニーズに応えるため，自社の生産能力に関する情報を迅速に発信する必要があります。その時点での被災状況，在庫量や生産能力回復の見込みなど，刻々

と変化する状況をできる限り正確に発信する機能が必要になります。また，災害による被害に伴って，自社拠点の周辺地域に悪影響を及ぼすような事象（火災・爆発，ガスや薬液の漏洩，等）が発生した場合は，地方自治体や警察・消防への連絡，監督当局への報告などは，特に重要となります。

　また，平時においても，企業は有価証券報告書などのディスクロージャー資料やインターネットホームページにおいてリスクに対する対策を明示し，災害に強い企業であることを開示することが投資家対策の観点から重要になってきています。さらに，地域社会とも防災の取組みについて積極的に情報交換し，連携しておくことも必要になります。

(7) リスクファイナンス（財務手当て）

　リスクファイナンスとは，災害などが発生した場合に企業への財務的な影響を緩和するための事前の資金面での対策（財務的手法）です。

　災害発生時においては，物的損害に加え，間接損害として休業損失なども考えられます。これらの損失に対する備えができていない場合には，運転資金や復旧のために必要な設備再調達資金が不十分になり，企業存続上，致命的な影響を受けるおそれがあります。

　したがって，平時から被害の想定を行い，財務への影響を把握し，対処可能な水準にあらかじめ抑制しておくために保険の付保やデリバティブ契約，災害時の融資枠確保などの事前対策が必要となります（詳細は第6章参照）。

(8) 組織横断的な協力体制

　例えば，大手製造業では，本社の他に工場にも人事・総務機能を担う部署がある場合が多く，緊急時においては本社と工場間で緊密な連携をとることが期待されます。しかしながら，災害時においては従業員が十分に揃うとは限らないこと，また人数は揃っても，特別な役割を担う者やスキルを持った者が不足することを想定しておかなくてはなりません。このような場合の対策として，

工場が被災した場合における本社や他工場からの協力体制、つまり「応援」に関する全社方針を策定しておく必要があります。具体的には、本社の人事部門が工場の人事担当部署に代わって、従業員の安否確認や被災した従業員や家族の支援を行うこと、また、製品供給の観点から被災工場への応援要請に関するニーズを把握し、他工場を巻き込んだ全社的な応援体制を指示することなどです。また、総務部門の主な役割は、従来の防災業務（＝緊急対応業務）の中心であることが多く、その延長線上で、被災した工場が必要とする物資（生活物資、復旧資材など）の供給を行うという役割を担うとともに、工場が行っている総務機能の補完など現地での対応も考えられます。

さらに、本社の広報部門も被災工場からの報告を待つだけではなく、積極的に被災工場に出向き、情報収集や自ら現地のマスコミ対応を行うなど、緊急対応および復旧対応に忙殺されている被災工場を少しでもサポートすることが望ましいと考えられます。

(9) 外部委託先管理

企業で実施されている業務の一部を他社に委託するBPO（ビジネス・プロセス・アウトソーシング）が進んできています。例えばコールセンター、情報システムの開発運用、給与計算などの総務・庶務業務、さらには工場の生産の一部を委託する構内請負や製造ライン一式の製造委託などがあります。これらの外部委託を実施している場合は、サプライチェーン、ロジスティクスなどの管理と同様の対応が求められます。外部委託先管理がサプライチェーンなどの管理と若干異なる点としては、委託業務の内容によっては取引先の2社購買などのような代替先の確保が難しいことがあげられます。多くの場合、外部委託は自社の1部門と同様の感覚で日常業務の実施を委託していることが多いことも、外部委託先の代替策を考えにくい点といえます。このため、外部委託先の管理にあたっては、委託先選定のプロセスに事業継続の観点を取り入れるところから開始する必要があります。

外部委託先管理のポイントは，次のようなものがあります。
- 契約にあたっては，サービスレベルアグリーメントを十分確認する。
- 契約前に災害や事故があった場合の目標復旧時間を確認する。
- 目標復旧時間を達成するための具体的な対策と手順を確認する。
- 回復手順のテストの実施状況とテスト方法を確認する。
- 災害や事故発生時の責任体制や指揮命令系統，責任分界点を確認する。
- 日常の事業継続に関する対応策の実施状況の報告を求める。

場合によっては外部委託先に対し監査をすることも必要となります。

例えば，情報システムの外部委託先にてデータのバックアップをとる場合の複製データの保管や消去に関して，情報セキュリティへの配慮が必要となります。

なお，最近，外部委託先がさらに第三者に業務を再委託した先で事件や事故が多く発生しています。このため，委託契約の更新にあたって，再委託を認めない内容に変更することが考えられますが，その場合には，その業務負荷に見合った適切な対価の支払いを行うなど，責任体制に見合った経費の負担も考慮する必要があります。

Column 3

新型インフルエンザ等の流行を想定したBCPについて

　2009年に発生した豚由来の新型インフルエンザA/H1N1への対応で明らかとなった課題を踏まえ，2011年9月に「新型インフルエンザ対策行動計画」が改定され，翌年5月に新型インフルエンザならびに同様の危険性のある新感染症を対象とした「新型インフルエンザ等対策特別措置法」（以下，特措法）が制定されました。その後，有識者会議での検討を経て，2013年6月に「新型インフルエンザ等対策政府行動計画（以下，政府行動計画）」と「新型インフルエンザ等対策ガイドライン（以下，ガイドライン）」が改定されました。

　特措法第3条の規定に基づき，新型インフルエンザ等対策を実施する「指定（地方）公共機関」（例えば，医療，医薬品・医療機器の製造・販売，電力，ガス，輸送等を営む法人）においては，新型インフルエンザ等対策に関する業務計画を作成する責務があります。また，特措法第28条の規定に基づき特定接種（ワクチンの先行的予防接種）が実施される「登録事業者」（医療提供業務または国民生活・国民経済の安定に寄与する業務を行う厚生労働大臣の登録を受けている事業者）はBCPを策定し，その一部を登録時に提出することが求められています。

　また，都道府県知事は，特措法第45条第2項に基づき「新型インフルエンザ等緊急事態宣言」が内閣総理大臣より出された場合，外出の自粛や学校，社会福祉施設，興行場等多数の者が利用する施設の利用制限等を，国民ならびに施設の管理者や催物を開催する事業者に対して要請することができることになりました。

　新型インフルエンザ等の流行時には，従業員が罹患して多くの企業が影響を受けると予測されます。まん延を防止する観点からは，流行時には可能な範囲で業務の縮小・休止，在宅勤務等によって人と人との接触を減ずる方策を実施することが望まれます。従業員の健康や安心を第一に対応しつつ，可能な限り感染拡大による社会・経済的影響を減らすために，指定（地方）公共機関や登録事業者だけでなく，すべての企業において職場における感染予防に取り組むと同時に，新型インフルエンザ等の流行を想定したBCPを策定することが必

項目	地震災害	新型インフルエンザ等
事業継続方針	○できる限り事業の継続・早期復旧を図る	○感染リスク，社会的責任，経営面を勘案し，事業継続のレベルを決める
被害の対象	○主として，施設・設備等，社会インフラへの被害が大きい	○主として，人への健康被害が大きい
地理的な影響範囲	○被害が地域的・局所的（代替施設での操業や取引事業者間の補完が可能）	○被害が国内全域，全世界的となる（代替施設での操業や取引事業者間の補完が不確実）
被害の期間	○過去事例等からある程度の影響想定が可能	○長期化すると考えられるが，不確実性が高く影響予測が困難
災害発生と被害制御	○主に兆候がなく突発する ○被害規模は事後の制御不可能	○海外で発生した場合，国内発生までの間，準備が可能 ○被害規模は感染対策により左右される
事業への影響	○事業を復旧すれば業績回復が期待できる	○集客施設等では長期間利用客等が減少し，業績悪化が懸念される

出所：新型インフルエンザ等に関する関係省庁対策会議［2013］「新型インフルエンザ等ガイドライン―事業者・職場における新型インフルエンザ等対策ガイドライン」（6月26日）。

表1　BCPにおける地震災害と新型インフルエンザ等の相違

要であるといえます。

　BCPの策定においては，地震災害や火災等との相違を考慮する必要があります。特に，新型インフルエンザ等の場合は，被害や影響が国内全域・全世界的となること，直接的に影響を受ける経営資源は人であること，海外で発生した場合は，国内発生までの間に準備や事前の対応が可能であることがあげられます（表1）。

　地震災害の場合は，建物，設備，人（従業員や家族の死傷，交通手段の麻痺

等による出社不可），ライフライン（電気・ガス・水道・通信），情報システム等，被害や影響は経営資源の広範な要素に渡ります。一方，新型インフルエンザ等の感染症の場合は対策の主眼は「人」になります。もちろん，仕入先や業務委託先の企業でも新型インフルエンザ等により従業員が罹患し，業務の継続ができなくなる可能性があるため，サプライチェーンを維持するための対策が必要となります。

　ガイドラインでは，国民の25％が，地域ごとに流行期間（約8週間）の中でピークを作りながら順次罹患すると想定しています。また，ピーク時に従業員が発症して欠勤する割合は多くて5％程度であるものの，従業員自身だけでなく，罹患した家族の世話，看護等（学校・保育施設等の臨時休業や，一部の福祉サービスの縮小，家庭での療養等も影響）のために出勤が困難となる者，感染への不安により出勤しない者がいることから，ピーク時（約2週間）には従業員の最大40％程度が欠勤するケースがあると想定して人員計画を立案

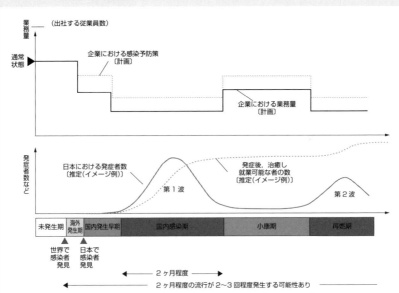

出所：新型インフルエンザ等に関する関係省庁対策会議［2013］「新型インフルエンザ等ガイドライン—事業者・職場における新型インフルエンザ等対策ガイドライン」（6月26日）．

図1　新型インフルエンザ等発生時の事業継続の時系列イメージ

することが必要としています。

新型インフルエンザ等が海外で発生した場合は，次第に国内でも感染者が出始めて，国内で流行が拡大し大流行した後に小康状態になり，また次の流行の波が来る，というように段階的に状況が変化していきます（図1）。そこで，一般の企業においては，新型インフルエンザ等発生時の自社製品・サービスの需要の動向を予測して，新型インフルエンザ等発生時における事業継続に係る基本的な方針を，これらの発生段階ごとに検討しておくことが望まれます。

例えば，国内発生早期においては，感染対策や業務の縮小・休止などの対策を積極的に講じて，社内や地域での流行を予防し，拡大を遅らせます（例えば，出張や会議の中止，時差出勤や在宅勤務等により人と人との接触を避ける）。国内感染期に進展した場合は，さらに業務を絞り込み，一時的な休業も視野に入れながら，経営に重大な影響を及ぼさないようにあらかじめ定めた方策によって重要業務を継続します。そのための事前対策として，クロストレーニングにより従業員が複数の業務を実施できるようにする，在宅勤務を可能にするためのテレワークシステムの導入などがあげられます。また，小康期に事

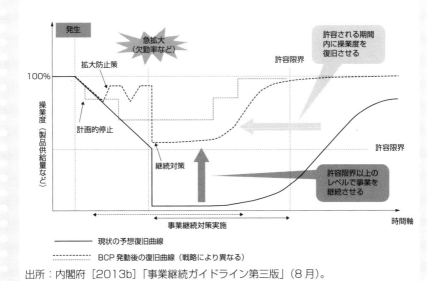

出所：内閣府［2013b］「事業継続ガイドライン第三版」（8月）。

図2　感染症の場合のBCPの概念図

業を円滑に復旧するための方策も検討しておくことが望まれます。なお，指定（地方）公共機関，登録事業者においては，国内感染期においても，新型インフルエンザ等対策の実施に加えて国民生活および国民経済の安定に寄与する業務を重要業務として特定し，それらを継続するよう努めることが求められます。

　なお，新型インフルエンザ等の流行のように段階的かつ長期間にわたり被害や影響が継続するリスクとして，水不足や電力不足があります。図2は，感染症の場合のBCPの概念図ですが，新型インフルエンザ等と同様に事業継続に係る基本的な方針を発生段階ごとに設定しておくことが必要となります。新型インフルエンザ等の流行を想定したBCPを策定することによって，これらのリスクへの応用が可能であるといえます。

第4章 事業継続の取組み事例

　本章では，各業界において事業継続に力を入れている企業等の取組み事例を紹介します（図表4-1）。ここで紹介する企業等は，経営層をトップに，各社で創意工夫を凝らした取組みを実施しており，その内容は非常に参考になります。

図表 4-1　本章で紹介する企業の一覧

企業名	業種 従業員数	取組みのポイント
1. イッツ・コミュニケーションズ株式会社	情報通信 593 名	(1)「いかなる脅威にも適応」できる仕組みを目指す (2) 社員一人ひとりが「考えて動く」ための訓練 (3)「お互いさま BC 連携」による代替戦略
2. ジヤトコ株式会社	自動車部品製造 連結 14,300 名	(1) オールリスクを対象とする BCM (2) 災害と訓練により強化されてきた BCM (3) サプライチェーン強化のための取組み
3. 株式会社大塚製薬工場	医薬品製剤製造 2,309 名	(1) 災害時に必要な輸液の安定供給体制の構築 (2)「生命の安全確保」「企業資産の保全」 (3)「製品在庫の積増と原材料の確保」「物流手段の確保」 (4) 経営戦略としての BCM
4. TANAKA ホールディングス株式会社	貴金属製品製造 連結 3,476 名	(1) 貴金属の安定供給はサプライチェーンの原点 (2) お客様への製品供給を止めないために必要な本社機能の維持 (3) 全社的リスクマネジメントとして BCP を捉える
5. 鈴木工業株式会社	生活関連サービス 90 名	(1)「有事にこそ必要な事業」という使命感による堅実な取り組み (2) すばやい初動対応と，他県の処理業者による代替戦略の実現 (3) 従業員全員を対象とした実践的な教育・訓練
6. SG ホールディングス株式会社	運輸 グループ全体 85,808 名	(1)「グループ連携」が高める BCM の実効性 (2) 熊本地震での救援活動～物流のプロが経験とノウハウをフル活用～ (3)「災害時の物流オペレーション」を高度化するための BCP を目指して
7. 株式会社ローソン	小売 連結 9,403 名	(1)「マチのライフライン」の使命を果たす事業継続の取組み (2) 実際の災害対応の経験をもとにした事業継続 (BC) 能力向上の取組み
8. 株式会社サニーマート	小売 2,356 名	(1) 南海トラフ巨大地震による津波被害に対応する事業継続戦略 (2) ISO22301 の考え方を参考にした BCM の取組み
9. 名古屋大学医学部附属病院	病院 1,940 名	(1) 災害拠点病院としての使命を果たすための BCP 策定 (2) 状況に応じた対応の選択肢＝事業継続戦略 (3) 施設・設備対策の優先順位づけ

1 イッツ・コミュニケーションズ株式会社

企業概要	
設　　　立	1983年3月2日
従 業 員	593名（2017年4月1日現在）
事 業 内 容	ケーブルを通したテレビ，インターネット，電話等サービスの提供
主な事業所	本社（東京都世田谷区），メディアセンター（神奈川県横浜市），溝ノ口事務所（神奈川県川崎市），中原・港北支局（神奈川県川崎市）

（1）「いかなる脅威にも適応」できる仕組みを目指す

　同社は，事業継続の取組みにおける従業員の心構えを示した「BCポリシー」の中で「いかなる脅威にも適応」という項目を掲げています。事業継続の対象を地震や新型インフルエンザ等の個別の事象に限定せず，どのような危機的事象が発生しても臨機応変に適応できる仕組みを目指しています。

　背景には，東日本大震災における自社対応や被災企業との交流を通じて社員が見聞きし実感した，「マニュアルが役に立たなかった」という声があります。細かな被害想定や対応マニュアルを整備することに注力してしまうと，想定と異なる事態が発生した場合に対応できなくなってしまう可能性があるためです。

　この取組みの原動力は，事業継続の必要性に対する経営陣の高い意識です。「事業継続は経営戦略そのものである」という経営トップの強いメッセージの発信のほか，BC推進プロジェクトチームに専任・兼任あわせて20名弱の担当者が配置され，活動予算が毎年確保される等，取組みを進めるための経営資源が充てられています。

現在同社では，BCPとして事業継続の方針やビジネスインパクト分析の検討結果等を文書化したものと，「緊急対応」「復旧対応」「災害対応」「事業継続対応」の4つのガイドラインを整備しています。これらのガイドラインは，地震や火災等のハザード別に場合分けはされておらず，また，一般的なマニュアルのように対応手順の詳細が記載されたものではありません。「有事における非常時対応本部の立ち上げ」や「対応の方向性」といった事項がシンプルに示されており，ガイドラインを参考にしながら，その場にいる社員一人ひとりが臨機応変に考え行動することを前提としています。

(2) 社員一人ひとりが「考えて動く」ための演習

　BCPをシンプルにする一方で，同社では社員の危機対応能力を向上させることを重視しています。非常時に社員が自ら考え動くために，全社員参加総合演習，モックディザスター訓練[1]，初動対応訓練，危機広報訓練等，図上や実働の形式で実施されるさまざまな訓練や演習を，BC推進プロジェクトチームが中心となって実施しています。

　年1回のペースで実施される全社員参加総合演習では，早朝の開始の合図とともに社員が本社や拠点に徒歩で参集し，現地に掲出された指示書を見て被害状況の確認や情報収集等を進めていきます（写真4-1）。指示書には，「今いるメンバーの中から責任者（現地対策本部長）を決めて作業する」「被害状況を確認する」「集めた情報をお客様に発信し続ける」等，簡単な事項が書かれているだけです。指示書の内容を実現するためにはどうしたらよいか，社員一人ひとりが考えて行動することになります。

　訓練や演習では新たな課題が発見される一方，事務局では想定していない新しい対応方法の発見もあります。社員自らが課題を発見することに加えて，社外の専門家等による評価も実施することで，事業継続戦略の実効性および社員

---

1) 模擬的に災害時を想定した状況下における体験をする机上型訓練。

写真 4-1　全社員参加訓練の様子

に不足しているスキル，訓練／演習の設計等，さまざまな視点で課題を見つけ，取組みの継続的な改善につなげています。

(3)「お互いさま BC 連携」による代替戦略

　同社は 2013 年，同社と同時被災する可能性の低い新潟県に本社のある株式会社 BSN アイネット（情報処理サービス業）と「災害時におけるお互いさま相互応援協定」を締結しました（図表 4-2）。同社ではビジネスインパクト分析により，情報発信，危機広報，お客様への電話対応等，危機発生時の重要業務を絞り込み，危機発生時には，重要業務の連携企業による代替を可能にしています。これまで想定を変えながら年に 2 回のペースで継続的に合同で情報連携訓練を実施し，被災した連携企業のために必要な情報を収集・発信する対応等を確認しています。

　これに加え，宮城県の気仙沼ケーブルネットワーク株式会社，三重県と新潟県で事業を運営する CCJ グループ（(株) シー・ティー・ワイ（三重県四日市市），(株) エヌ・シィ・ティ（新潟県長岡市），(株) ケーブルネット鈴鹿（三重県鈴鹿市），上越ケーブルビジョン（株）（新潟県上越市）のケーブルテレビ 4 局で構成されている）とも協定を締結し，災害時の相互支援の体制を構築しています。

図表 4-2 新潟県との連携を軸とした「お互いさま BC 連携」

出所：東京海上日動火災リスクコンサルティング㈱［2015］「BCM の実効性の追求―人づくりと外部組織との連携，対象とするハザードの拡大により，あらゆる災害を乗り越える―」。

2 ジヤトコ株式会社

企業概要	
設　　　立	1999年6月28日
従 業 員	連結 14,300名（2017年3月31日現在）
事 業 内 容	自動車用自動変速機の開発，製造および販売
主な事業所	本社（静岡県富士市），工場（静岡県富士市，静岡市，富士宮市，掛川市，京都府京都市，南丹市八木町等）

（1）オールリスクを対象とするBCM

　同社は自動車用自動変速機を開発・製造・販売しており，ベルト式無段変速機（Continuously Variable Transmission：CVT）の生産で世界シェア37％（2016年）を占めています。2003年頃から始まったBCM構築の取組みは，新潟県中越沖地震（2007年7月），東日本大震災（2011年3月），そして自社工場に大きな被害が出た静岡県東部地震（2011年3月）等の経験を経て，見直し，強化されてきました。同社の目標は通常であれば発災後復旧に3ヵ月はかかるところを，発災後1ヵ月以内に現地で生産復旧するというものです。優先事業は世界トップシェアを誇るCVTの製造と販売です。

　想定している主なハザードは地震ですが，BCM推進体制が構築された2008年には，①地震，②新型インフルエンザ，③IT障害，④サプライチェーン供給停止，の4つのハザードをすでに想定していました。現時点では，海外現地法人が直面するストライキや爆発，政治騒乱等といったリスク・危機も対象とし，より広範になっています。さらに，同社の富士宮工場は富士山の中心から南西約15kmに位置し，富士山が噴火した場合，生産活動に影響が出る可能性が高いため，火山噴火を対象とした事業継続戦略を検討中です。

(2) 災害と訓練により強化されてきた BCM

同社の BCM 推進体制は、社長を議長とする BCM 委員会、副社長を議長とする BCM 検討委員会、および BCM 事務局から構成されます。体制発足直後の 2008 年には BCM 委員会を隔月で開催し、経営判断として BCM 体制を整備しました。

また 2009 年、同社の BCM の指揮命令の中心として国内外の拠点との複数の通信設備などを備えた常設の「BCM 本部室（通称：BCM ルーム）」を設置しました（写真 4-2）。2011 年 5 月には、BCM ルームの拡充により 100 人超の要員が収容可能となり、東日本大震災の対応にも利用されました。

同社では 2008 年以降、地震や富士山噴火を想定するシミュレーション訓練を繰り返し実施し、発災後の初動対応と事業継続対応に関する取組みについて、毎年課題を抽出し改善を行いながらレベルアップを図ってきました。富士市の本社に加えて、2013 年以降は国内外の生産拠点が TV 会議などを介して参加し、グループ全体をあげて取組む参加者数 100 人規模の大型訓練となっています。

訓練では、ライフラインや周辺道路の状況を想定するシナリオに加えて、対象となる生産ラインの被害状況を事務局が設定し、当日、その状況を現場で付与します。対策本部では、各部門から報告された被害状況を集約後、復旧作業

写真 4-2　BCM ルームで開催された訓練の様子

(設備の定位置化，試運転，品質確認等）に必要な人員・期間を検討のうえ，想定条件下における復旧計画を立案します。これらの拠点間連携訓練の成果は，2011年に発生した静岡県東部地震での富士宮工場における各拠点からの円滑な支援の受け入れと早期復旧となって具体的に現れました。

この他，初動対応・復旧マニュアルについては定期的に見直し，それまでの詳細で重厚なマニュアルから「わかりやすさ」「使いやすさ」を重視したものに簡易化しています。

（3）サプライチェーン強化のための取組み

同社ではサプライチェーン全体を強化するため，100社を超えるサプライヤーのBCM活動推進のためのリスク評価を実施しています。まず，各サプライヤーに「事業継続への備えに関する調査用紙」を配布し，自己評価の実施を依頼します。調査項目は，人的・物的リソースへの備えができているか，BCMへの姿勢や供給者責任は十分か等，60項目以上にわたります。

書面による自己評価をいただいた後，同社ではサプライヤーを直接訪問し，「Face to Face」のヒアリングで各種書類や現場の確認，意見交換等を行います。2012年以降，サプライヤー約40社を訪問しました。その際には，静岡県東部地震で富士宮工場が被災した写真を使って状況を説明し，人命安全や耐震化の重要性も共有しています。この結果を踏まえ，各サプライヤーに実効性のあるアクションプランを作成していただく，という流れで進めています。

各サプライヤーには前述の訓練への参加を呼びかけており，オブザーブ参加するサプライヤーも少なくありません。さらに，サプライヤーから事業継続にかかわるマニュアル策定等の相談があれば，可能な限り同社のマニュアル類を開示しています。また，サプライヤーの中でBCMの好事例があれば，調達部門が中心となり他のサプライヤーへ紹介しています。BCMへの意識や理解が低い場合や，耐震等の投資が必要でも計画通り進まないケースは少なくありませんが，直接訪問によるリスク評価や情報提供・意見交換が功を奏し，直接訪

問実施後の評価点は約15%改善しました。

このように，同社のBCMは過去の多数の被災経験を活かし，サプライチェーン全体の事業継続力向上を目指した，より実践的・先進的な取組みが行われています。

3 株式会社大塚製薬工場

企業概要	
創　　　立	1921年9月1日
設　　　立	1969年10月7日
従　業　員	2,309名（2016年12月31日現在）
事 業 内 容	臨床栄養製品を中心とした医薬品，医療機器，機能性食品等の製造・販売および輸出入
主な事業所	本社（徳島県鳴門市），主要事業所（東京事務所），生産拠点（鳴門工場，松茂工場，富山工場，釧路工場）

（1）災害時に必要な輸液の安定供給体制の構築

　同社は，臨床栄養製品を中心とする医薬品，医療機器，機能性食品等を製造販売しています。災害時，特に初期治療に需要が高まる輸液の国内シェアは50％以上を占め，同社製品の安定供給は各方面から期待されています。このため同社では，「生命の安全確保」「企業資産の保全」「製品在庫の積増と原材料の確保」「物流手段の確保」といった4つの視点からBCPに取り組んでいます。

　現在同社では，特に安定供給体制の構築が必要な20品目を「BCP製品」として指定し，さらにそのうち初期治療等に必要な10品目を「ハイリスクBCP製品」と位置づけています。これらの製品は，許認可の関係上代替生産が難しいため，現地生産復旧を3ヵ月以内とする事業継続方針に基づき，ハイリスクBCP製品については，常に4ヵ月分の在庫を保管しています。また，同社は徳島県，富山県，北海道に生産拠点を保有していますが，徳島県内の鳴門工場と松茂工場（写真4-3）は海抜3mに位置し，南海トラフ巨大地震で同時被災の可能性があるため，両工場で製造しているBCP製品は，同時被災の可能性が低い富山県と北海道でも製造するなどリスク分散を図っています。

写真 4-3　松茂工場全景と外周の防潮堤

(2)「生命の安全確保」「企業資産の保全」

　鳴門工場と松茂工場の BCP は震度 6 以上の地震と 1 〜 2m の浸水を想定しています。まず,「生命の安全確保」のため, 人命最優先を社内に周知徹底し, 災害時に適切な初動対応ができるよう教育・訓練を繰り返し実施しています。安否確認訓練は, 地震・津波の発生を想定し, 定期的に実施しています。また, 鳴門工場の総合防災訓練では, 避難ルート（屋上階への垂直避難）の確認や, 産業医により負傷者の治療や搬送の優先順位を決めるトリアージも実施しています。

　2 つの工場の従業員の約 70% は工場の半径約 10km 以内に居住しています。近隣には大塚グループの OB が多く, 自治会や町内会等において防災のキーパーソンであることも少なくないため, 同社では地域や行政との連携にも力を入れています。鳴門工場では, 津波一時避難場所として地域住民に工場建屋の屋上を利用していただくとともに, 地域住民と鳴門市役所と合同で津波避難訓練を年 1 回実施しています。松茂工場では, 隣接する企業の従業員の避難を受け入れるための避難訓練を隣接する企業と共同で実施しています。

　さらに, 両工場では「企業資産の保全」のため, 建物の耐震対策に加えて, 浸水対策にも投資してきました（図表 4-3）。両工場とも工業用水管は耐震性

図表4-3 鳴門工場と松茂工場の津波浸水対策

鳴門工場	松茂工場
・防潮堤の設置（重要な設備を壁で防護） ・防水扉の設置 ・排水機能の補強 ・廃液処理施設更新 ・工業用水の配管をNS形ダクタイル管へ更新	・外周防潮堤・防潮堤の設置（工場外周を2mの壁で囲い，重要な電気設備を2.5mの壁で防護） ・工業用水の配管をNS形ダクタイル管へ更新

のあるNS形ダクタイル管に交換済みであり，排水機能にも補強を施しています。

（3）「製品在庫の積増と原材料の確保」「物流手段の確保」

輸液の原材料となるブドウ糖やアミノ酸は，わずかな成分の違いが最終的な製品の品質を大きく左右するため，代替調達が難しいとされます。このため，「製品在庫の積増と原材料の確保」「物流手段の確保」のために，原材料メーカーの複社化および自社工場での適切な在庫率の確保を実施しています。

受発注と配送手段についても，グループ会社の協力の下，取組みを強化しています。以前は東京のみで行っていた医薬品の受発注業務を，徳島にも要員を配置し二重化を図っています。また，物流拠点についても兵庫，愛知，群馬に「BCP対応配送拠点」を確保するなど分散化を進め，陸路・海路ともに多重化・ネットワーク化を進めています。

さらに，災害時に卸事業者と連絡がつかなくても，あらかじめ決めておいた製品を卸物流センターに発送する仕組も構築しています。

（4）経営戦略としてのBCM

同社では，BCMを「製品の安定供給」という使命を達成する意味も含めて経営戦略として位置づけており，その考え方は全社的に共有されています。

同社の事業継続への取組みは，市場における非価格優位性の向上にも貢献しています。例えば，輸液については競合他社の製品や後発医薬品との激しい競争の中で，同社は国内の50％以上のトップシェアを維持していますが，これは同社の「有事においても製品の安定供給が可能」という点が医療現場で評価されてきた証しともいえるでしょう。

4 TANAKA ホールディングス株式会社

企業概要	
創　　　立	1885 年
従　業　員	連結 3,476 名（2016 年 3 月 31 日現在）
事　業　内　容	貴金属地金（白金，金，銀ほか）および各種産業用貴金属製品の製造，販売，輸出入および貴金属の回収，精製を行う田中貴金属グループの持ち株会社として，グループの戦略的・効率的運営とグループ各社への経営指導
主な事業所	東京本社（千代田区），その他国内外に生産拠点など多数

（1）貴金属の安定供給はサプライチェーンの原点

　TANAKA ホールディングス株式会社を持ち株会社とする田中貴金属グループは，取り扱う事業の 7 割が産業用ビジネスで，産業用貴金属材料の安定供給とそれを支える各種事業が中心となっています。工場の代替生産体制の構築に加えて，安定供給を支える本社機能に着目した BCP の実効性の高さが，平時のお客様や調達先からの信用度向上に大きく寄与しています。

　同社が BCP への取組みを本格化させたのは，新潟県中越沖地震が発生し，経団連が BCP の整備を積極的に推進した 2004 年です。それ以前から工業用貴金属の在庫に 2 週間程度の余裕を持たせるなど，非常時にあっても製品を安定供給できるように努めてきました。特に高いシェアを占める電子部品の配線に使われる金および銅のボンディングワイヤや，自動車関連部品をはじめ，さまざまな用途に使われる白金族金属（白金，パナジウム，ロジウム）について，同社からの製品供給が途絶すれば，世界中の多数の取引先に大きな影響が及びます。

　製品の安定供給を図る取組みには，例えば銅製ボンディングワイヤの製造を

日本，シンガポール，中国，台湾の4拠点とするなど，被災時には他の拠点で代替生産ができる体制を構築したことが挙げられます。使用済み自動車排ガス浄化触媒に含まれる白金族金属の回収精製工場も国内2拠点体制としています。

(2) お客様への製品供給を止めないために必要な本社機能の維持

　製品の安定供給のためには，工場の代替戦略の実効性を確保するための本社機能の事業継続が重要であることがわかってきました。安定供給のために欠かせない条件の1つに，海外からの安定的な貴金属地金の調達があります。その実現には，代金の決済手段を常に確保しておくことが不可欠です。金や白金は換金性が高いため，貴金属地金の取引には，わずか2日程度で決済を行うという金融機関並みの商習慣があります。そのため，同社のBCPの内容は，決済にかかわる財務，経理を含めた本社部門の機能にまで拡充されています。

　まず，本社機能を二重化するために，東京と大阪に同じ機能を持つ2拠点体制を構築しましたが，要員のスキル維持が困難なことや効率性の観点で課題がありました。そこで2拠点体制を廃止し，本当に必要な本社機能を精査して絞り込んだうえで，同時被災しない国内グループ会社の拠点で業務を代行する体制を構築しました。

【災害時に代替拠点で業務を行う主な機能】
①支払決済機能，②地金調達機能（値決め，売買），
③物流機能（輸出入調整），④給与支払機能，⑤情報システム機能

　また，災害時には海外拠点にも決済権限を委譲できる体制を構築しました。メインバンクを主幹事とする4行と締結していた長期コミットメントラインに，非常事態発生時にはメインバンクのシンガポール支店から融資を受けられる条項を追加しました。日本国内の決済実務が金融機関の被災で困難となった

場合も，田中エレクトロニクスシンガポールで融資を受け，即座に決済代行ができるため，台湾など日本国外の工場で産業用貴金属製品の製造や供給が可能になります。

そして，本社の役割としては，非常時の意思決定機能も非常に重要です。休日夜間の被災では本社に役員が集合できないことも想定し，役員間で相互連絡ができる通信手段を複数確保し，遠隔で意思決定できる仕組みを構築しています。

(3) 全社的リスクマネジメントとして BCP を捉える

同社では東日本大震災の経験を BCP の改善に活かすなど，継続的に BCP の強化を進めてきましたが，2015 年頃に多発した他社の不祥事報道などを受け，自然災害以外の事故や不祥事なども企業の存続を脅かしていることを強く意識するようになりました。そこで従来から尽力してきたリスク管理をさらに推進すべく，リスクマネジメント委員会を設立し，全社的リスクマネジメントの中で BCP に取り組む体制を構築しました（図表 4-4）。この委員会は社長をはじめとする TANAKA ホールディングスの経営層 6 名で構成し，企業として公正な事業を推進すべく，グループ全体のリスクを監視する重要な位置づけとなっています。この委員会では，独禁法違反，マネーロンダリング，個人情報・機密情報漏洩などさまざまなリスク発生の可能性を精査し，その対応組織の整備を進め，従業員一人ひとりのコンプライアンス意識が向上する環境づくりを推進しています。また，この委員会の傘下に BCM 体制構築の基軸となる BCP（事業継続計画）委員会を位置づけました。現在の BCM 体制は自然災害への対応が中心ですが，将来的にはあらゆるリスクを対象に，事業継続という観点から PDCA を回すことを目標に活動しています。

このように，経営が率先する全社的な取組みが，同社がお客様や調達先から信頼され，利益向上を図るために必要な信用の源泉になっています。

図表 4-4　全社的リスクマネジメント体制と BCP の位置づけ

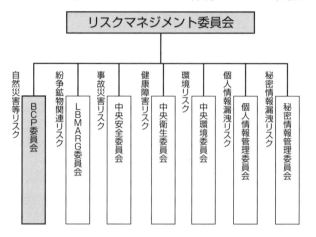

5 鈴木工業株式会社

企業概要	
設　　　立	1966年7月15日
従　業　員	90名（2017年4月現在）
事業内容	産業廃棄物の収集運搬，リサイクルなどの中間処理，貯水槽や下水道のメンテナンスなど
主な事業所	本社（宮城県仙台市若林区），再生館（同左），エコミュージアム21（仙台市宮城野区）

(1)「有事にこそ必要な事業」という使命感による堅実な取組み

　同社は従業員数約90人の中小企業の産業廃棄物業者です。「有事にこそ必要な事業」という社会的責任の観点からBCPを策定し，訓練を徹底してきました。

　同社では新潟県中越沖地震の製造業の被災事例をきっかけに，2008年9月にBCP策定委員会を発足し，宮城県沖地震を想定したBCPの策定を開始しました。同社の重要事業は，産業廃棄物を回収し中間処理施設「エコミュージアム21」で中間処理を行うことです。BCPでは重要業務を6つに絞るとともに目標復旧時間を設定し，各目標復旧時間を達成するための事業継続戦略を決定，その実現に必要な事前対策を実施してきました（図表4-5）。例えば，同社に3つある拠点間の連絡手段として，各拠点に衛星携帯電話を導入しました。また，電源確保のための非常用発電機の導入や，緊急地震速報システムの導入による中間処理施設などの機械の自動停止，有事に必要になる部品類の備蓄などの対策を行いました。

図表4-5　東日本大震災当時の鈴木工業における代表的な重要業務とその目標復旧時間

重要業務	目標復旧時間
① 緊急時対応	1日
② 顧客との連絡	3日
③ 下水道の清掃	3日
④ 貯水槽の清掃	6日
⑤ 廃棄物の中間処理	6日
⑥ システム管理	3日

（2）すばやい初動対応と，他県の処理業者による代替戦略の実現

　2011年の東日本大震災では，海岸から500mに位置していた「エコミュージアム21」が想定を大幅に上回る5mの津波により全壊し使用不能，という想定外の事態に陥りました。本社やリサイクル施設，重機や車両といった主要設備も損壊し，まさに最悪の状況でした。

　しかし，経営者，従業員が日頃の訓練などでやるべきことを認識していたことが役に立ちました。地震発生40分後には対策本部を立ち上げBCPを発動し，衛星携帯電話を使用して従業員の安否確認に取りかかりました（図表4-6）。同時に，事前準備してあった非常用発電機では不足するとの判断により直ちにレンタルで確保し，設備メーカーに現地調査を依頼するなど，地震発生当日より事業再開に向けた行動を開始しました。翌12日には重要業務の1つである，顧客に緊急作業の要否を確認する「緊急時対応」を，3日目の14日には焼却炉や機械，電気などの協力メーカーとの事前協定を発動して各社そろっての復旧対応が始まり，自社ホームページも再開しました。

　津波で全壊した「エコミュージアム21」の修復には相当の時間がかかることが判明しましたが，震災によるがれきが大量発生するなど，早急に廃棄物処理を再開する必要があります。そこで同社では，日頃からつき合いのあった山形県の処理業者に相談し，協力を得て，代替による中間処理が可能になりました。

図表4-6　鈴木工業における被災後の経過

日付	拠点		
	本社	再生館	エコミュージアム21
3/11　14:46	震災発生　直後より避難，安否確認，拠点間の連絡の実施		
（約1時間後）	災害本部立ち上げ，BCP発動		津波到達
（当日中）	不足資機材の調達の開始		
3/12（1日後）	被害状況の確認作業の開始		
	顧客への緊急作業の要否確認		
	業者への対応依頼		
3/13（2日後）	①緊急時対応の開始		
3/14（3日後）			現地の復旧対応の開始
3/17（6日後）			代替による⑤中間処理の再開
4/4（24日後）	夜間の警備実施⇒		有機処理施設の復旧
4/5（25日後）			無機処理施設の復旧
4/18（38日後）	電気，工業用水の供給再開⇒		社内での⑤中間処理の再開

　これらの対応により，自社施設に壊滅的なダメージを受けたにもかかわらず，発災6日後には産業廃棄物の中間処理をはじめ，廃棄物の収集運搬や清掃業務などの事業を再開しました。

(3) 従業員全員を対象とした実践的な教育・訓練

　同社では経営者とともに全従業員がBCPを習熟しておく必要があるとの考えから，訓練や教育は，全従業員にまで対象を拡大し年数回実施しています（写真4-4）。

　訓練は，例えば2時間の抜き打ち訓練で社長や責任者が不在，火災が発生したなどの状況で，衛星携帯電話で実際に連絡をとり，その場での判断や対応が求められるといった，より実践に近い内容で実施し，たとえ社歴の浅い従業員であっても自身の能力を振り絞って対応する場面を設定するなど，作業手順だ

写真 4-4　社内研修会における外部の専門家による BCP の模擬演習（2015年7月 社員研修会の様子）

けでなく，BCP の目的や対応の方向性の理解を深めるものとなっています。また，終了後に反省会を実施することでレベルアップを図っています。

　このような訓練が，同社のすばやい初動対応や柔軟な判断を可能にしています。

6 SG ホールディングス株式会社

企業概要	
設　　　立	SGH（設立2006年3月）／佐川急便（創業1957年3月）
従　業　員	連結　85,808名（2017年3月期）
事 業 内 容	SGホールディングスグループ全体の「経営戦略策定・管理機能」を有する純粋持株会社。事業会社は「業務執行機能」に特化
主な事業所	本社：日本（京都府京都市）。日本のほか，シンガポール，スリランカを中心に環太平洋，アジア，環インド洋の24の国・地域に関係会社約100社を保有し，各地で国際事業を展開

(1)「グループ連携」が高めるBCMの実効性

　同社は，佐川急便を中核とするデリバリー，ロジスティクス，不動産，ファイナンス，IT，自動車などのさまざまな事業領域において，グループのシナジーを最大限に生かした事業を国内外で展開しています。今や社会インフラとなった「物流」を担う企業グループとして，早くから災害をはじめとするさまざまな状況下でのBCP・BCMに取り組んできました。

　主要グループ企業はすべてBCPを策定し，毎年開催する「SGHグループ事業継続・大規模災害対応訓練」にはグループ各社の経営陣，部門責任者，BCM担当者が全員参加するなど，平常時から高い意識で実践的な取組みを続けています（写真4-5）。

　同社のBCPには，「物流を停滞させず個社の事業を確実に継続させるためのBCP」と，「緊急救援物資輸送や避難所への配送など，災害対策基本法に定められた指定公共機関としての支援活動を行うためのBCP」という2つの側面

写真4-5　SGHグループ事業継続・大規模災害対応訓練

があります。その実現のためには,「グループ連携」が不可欠です。具体的には,物流センター,トラック,人材など経営資源を各事業会社が分担して保有することで事業停止リスクを分散させます。また,佐川急便を中核事業に専念させるため,派生業務を他の事業会社が連携して対応します。例えば,SGムービングのチャーター輸送や佐川グローバルロジスティクスによるノウハウの提供,佐川アドバンスによる燃料調達と供給,SGフィルダーが担う不足人員の補完,SGシステムによる災害時の貨物データの提供体制（IT—BCP）などです。

（2）熊本地震での救援活動
～物流のプロが経験とノウハウをフル活用～

　熊本地震で震度7を2回観測した益城町では,佐川急便の営業所においても停電や断水,建屋の外壁の一部がはがれ落ちるなどの被害が発生しました。
　同社では,「現地対策本部」「統括対策本部」「グループ統括対策本部」を設置して対応にあたりました。初動対応として,統括対策本部が迅速に従業員の安否確認を行い,現地対策本部と情報を共有しながら,事業継続に必要なバックアップ体制や状況にあわせた物資の輸送計画などを決定しました。熊本県内の4つの物流拠点も被災したため,東日本大震災の経験者を含む人員64名,

トラック51台等を応援派遣しました。

被災地には各地から大量の救援物資が運ばれましたが、配送が滞り山積み状態となっていました。そこで行政からの要請を受け、配送や仕分けのプロとして救援物資の配送を行いました。集積拠点を1ヵ所に定め、そこにロジスティクスの担当者を1名指揮官として派遣しました。まずは集積エリアの物品のレイアウトの見直しからはじめ、全体の輸送計画等を決定しました。

また、事業継続対応として「営業所受取りサービス」を早期再開しました。多くの住民が避難所への避難や車中泊等で自宅を不在にしている状況でしたが、これにより、自宅で荷物が受け取れない状況であっても、近隣の営業所で直接受け取ることが可能となりました（写真4-6, 4-7）。

平時であれば、国内で通常1日450〜500万個、多いときには600万個の荷物が動き、付帯する貨物情報のデータも次々と更新されます。その中から営業所に受け取りに来られたお客様へスムーズに引き渡しできるよう、配達エリア別ではなく、送り状の番号やお客様氏名の五十音順で仕分けするなどの工夫をしています。これには東日本大震災におけるノウハウの蓄積が活かされています。

写真4-6　「営業所受取サービス」の引渡所

写真4-7　被災者へのお届け

(3)「災害時の物流オペレーション」を高度化するためのBCPを目指して

 今後もさらに高度なBCPを目指すため,「被災地にお届けする」から,「被災した方々一人ひとりにお届けする」へ,さらに「必要な人に,必要な物を,必要な分だけお届けする」へと,災害時における物流オペレーションをさらに高度に改善することを目指しています。その実現のため,経営層からビジネス先端の現場担当者までが一体となり,平時から改善を重ね,グループの枠を超え,荷主企業,外部企業・機関にまで範囲を広げた実践的な訓練に取り組んでいます。

7 株式会社ローソン

> **企業概要**
>
> 設　　　立　1975年4月15日
>
> 従　業　員　連結9,403名（2017年2月末現在）
>
> 事 業 内 容　コンビニエンスストアのフランチャイズチェーン展開
>
> 主な事業所　本社（東京都品川区），そのほか国内外に店舗多数

（1）「マチのライフライン」の使命を果たす事業継続の取組み

　国内約1万2,000店に及ぶコンビニエンスストア「ローソン」のフランチャイズチェーン展開等を事業とする同社では，重大な被害を伴う緊急事態が発生した場合においても，人命の安全確保を前提に，重要な業務を中断させず，あるいは事業活動が中断しても速やかに重要な機能を再開して，顧客満足度や企業価値の低下を回避することを目指しています。そのために，平時から非常時を見据えた行動を徹底しています。

　災害に対する基本的な考え方は，従業員とお客様の安全確保を前提に，経済活動を維持することです。つまり，災害発生時においても「マチのライフライン」としての使命を果たすために，可能な限り店舗の営業を継続しようとするものです（写真4-8）。

　一刻も早く店舗を開けることは地域社会への貢献という観点もあります。同社では自治体と地震等の災害が発生した場合の帰宅困難者支援に関する協定の締結を行うなどの取組みを進めています。帰宅困難者支援の協定も2016年9月1日現在41都道府県，10政令指定都市と結んでいます。また，被災されている方の支援なども行うべく，47都道府県の自治体と緊急物資の供給等に関する協定を結んでいます。

　これらの実効性を高めるため，防災訓練を年3回行っているほか，自治体の

写真 4-8 「マチのライフライン」としての事業継続

熊本地震後の様子：左は玉塚会長（当時）

防災訓練などにも積極的に参加しています。また，担当者が異動で変更になることが多い自治体の連絡先などを毎年更新し，連携を密に行っています。

(2) 実際の災害対応の経験をもとにした事業継続（BC）能力向上の取組み

　熊本地震においては，ローソン各店舗にも大きな被害があり，建物破損，停電，断水，従業員避難等により一時休業した店舗は，80店以上にのぼりました。

　本社対策本部では，店舗の所在地が網羅された全国の地図の上に地震・津波・火山などの大規模災害，道路情報，停電などの情報を一括に確認できるシステムを導入しており，災害の発生に伴い，どの店舗がどのような影響を受けているのか，シミュレーションも含めて確認できます（図表4-7）。熊本地震では，本システムにより得られる情報と，エリア対策本部，現地対策本部からの情報をもとに対応方針を決定していきました。

　商品の供給に関しては，これまでの経験を活かして，商品各ラインとも取引先様の協力を得て，1ヵ月後には正常化することができました。その間は，出荷機能が停止した物流センター（被災センター）の管轄店舗の発注データを，近隣の複数の物流センター（救済センター）が受信して対応し，被災センター

図表 4-7　本社対策本部における情報管理システム

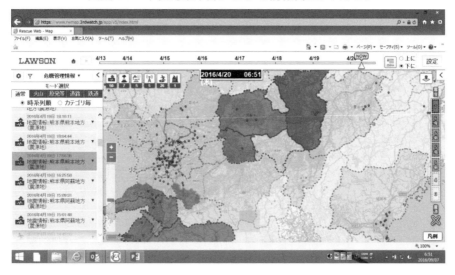

の代替として商品を供給しました（図表 4-8）。

　ローソンでは，これまでも阪神・淡路大震災，新潟県中越沖地震，東日本大震災などの対応を振り返り，課題，原因，対策を検討し，防災訓練等で確認しマニュアルの改訂を行ってきました。今回の熊本地震での対応においても，振り返るとさまざまな問題点，課題がありました。安易に合格点を出して満足することなく，常に前進するために，これらの課題の解決にむけて検討を続けていくことが重要であると認識しています。

　このほか，サプライチェーンとしての他社との連携などにも課題はあります。同社グループではない企業にいかに同社の仕組みを使ってもらうのか，災害対応や BC の考え方をしっかり理解してもらい，協力体制を構築するなど，やるべきことが多くあります。

　同社の社内にも課題があります。一部の人間の意識が高いだけでは十分ではありません。全社に考え方や行動を浸透させなければなりませんし，指示がなくても自然と動く仕組みづくりが大切です。各部門において，現在の中心メン

図表 4-8 商品供給再開の概略

月日	対応
4月18日（月）	ベーカリー定量納品開始 （当初14SKU[※1]107個→最終44SKU 214個）
4月19日（火）	他のセンターを活用して熊本直営店へ弁当1,000個，おにぎり6,000個直納を開始
4月20日（水）	ドライ商品BCP配送開始（カーゴ台車数を納品）
4月21日（木）	福岡・佐賀チルドセンターから熊本へ納品開始，応援トラック便でドライ商品納品（4月21〜23日） ベーカリー18,000個を空輸
4月26日（火）	チルドセンター混載便から1便2便分納へ。弁当，調理麺，調理パン，セレクト，Uchicafe[※2]の定量納品を開始
4月29日（金）	強化型BCP便配送開始（カーゴ台車数量アップ）
4月30日（土）	熊本チルドセンターが復活し1日3便体制へ デザート，日配食品などオープンケース商材を供給開始 日用品92SKU宅配便配送
5月6日（金）	チルドセンター店別全カテゴリー別に部分店舗発注開始
5月10日（火）	チルドセンター全店全カテゴリー発注上限付きによる店舗発注開始
5月17日（火）	チルドセンター全店全カテゴリー発注上限なしによる店舗発注開始 →全温度帯正常化

※1　在庫管理，販売管理する最小単位。
※2　ローソンのオリジナルデザートブランド。

バーから次世代の担い手にBCMを継続し，進化させるよう取組みを進めています。

8. 株式会社サニーマート

> **企業概要**
>
> 設　　　立　1961年11月19日
> 従　業　員　2,356名（パートナー社員，アルバイト含む）（2017年8月末現在）
> 事 業 内 容　スーパーマーケットなど小売店の展開
> 主な事業所　本社（高知県高知市），そのほか高知県・愛媛県に直営25店・フランチャイズ店10店

（1）南海トラフ巨大地震による津波被害に対応する事業継続戦略

　高知市に本社のある同社は，地域に根ざすスーパーマーケットとして，地域と密着し，地域とともに成長する企業を目指しています。

　2011年3月の東日本大震災を受け，南海トラフ地震対策の一環としてBCPの策定に取組み始めました。

① 店舗営業再開に関する戦略（津波被害の状況に応じた対応）

　店舗の立地場所を高知市のハザードマップをもとに確認すると，津波により長期浸水しそうな店舗，浸水や揺れにより建物が損壊しそうな店舗があることがわかりました。東日本大震災を経験した仙台市の地域スーパーを訪問し，店舗の営業再開方法に関する戦略や対応の例を参考に，店舗の立地区分により目標復旧時間を定めました（図表4-9）。さらに，その目標復旧時間にあわせて，バイヤーは商品の搬入先店舗を変更し，また従業員の勤務場所を平時の勤務地と異なり事前に指定した自宅の近隣の店舗へ変更することとしています。

　またテナント企業（クリーニング店，薬局，花屋，保険，携帯電話，カメラ，メガネ等）も多く，そのための緊急連絡先リストを用意し定期的に更新し

図表 4-9 店舗営業再開に関する戦略

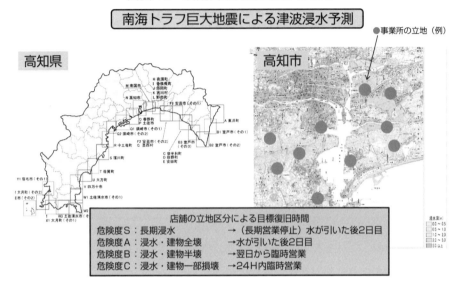

出所：高知県庁ホームページより。

ています。

② 商品調達に関する代替戦略

　災害時の重要商品については，過去の各地の災害から第1段階（当日～3日）は，弁当，おにぎり，パン等，第2段階（4日～6日）は，切り餅，即席めん等，第3段階（7日～）は，米，めん類，肉・野菜等と決め，それぞれ地元の調達先会社のリストを作成しています。さらにそれら通常の調達先が被災した場合に備えて，全国規模の同業者組合に加盟しており，災害時の優先供給に関する協定を締結しています。

(2) ISO22301 の考え方を参考にした BCM の取組み

　同社は，2012年度に実施された経済産業省「グループ単位による事業競争

力強化モデル事業」に高知県のモデル企業として参加し，事業継続の国際標準規格 ISO22301 を活用した BCM に取り組みました。

① 現状評価と改善

ISO22301 の要求事項を質問形式にしたチェックシートを作成し，現状の評価を実施しました。これに基づき体制や情報伝達ルートなど基本的な部分を改善しました。

② 訓練の企画・実施と改善

初動だけでなく事業継続のフェーズまでのシナリオを含む机上型訓練を企画するため，全社各部門の代表からなる訓練準備委員会を設置して，シナリオ作りをし，訓練を実施しました（写真 4-9）。実施後はアンケートを実施し，訓練参加者から BCP に関する「気づき」を集約し，BCP の見直しを行いました。

写真 4-9　BCP 訓練の様子

③ BCM 運用マニュアルの作成

平常時の BCM 活動の定着化を図るため，今までの BCP 文書から日常のマネジメント活動である BCM に関する記述を抜き出し，BCM 運用マニュアルを作成しました（図表 4-10）。これにより，新しい BCP 文書は災害時に参照する

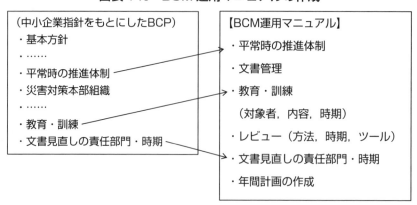

図表4-10 BCM運用マニュアルの作成

ためのチェックリストになり，平常時のBCM活動はBCM運用マニュアルに基づき実施していくことになりました。

これらの取組みを各部門それぞれにおいてBCM推進者を任命し実施したことで，「作られたBCPから，自分達で作るBCPへ」という意識が芽生えてきました。これからも南海トラフ地震に備えてBCMの取組みを継続していくとのことです。

9 名古屋大学医学部附属病院

病院概要	
設　　　立	1949 年 5 月
医療従事者数	1,940 名（2017 年 5 月 1 日現在）
病　床　数	1,035 床（2017 年 3 月 31 日現在）
外来患者数	573,919 人（2017 年 3 月 31 日既往 1 年）
所　在　地	愛知県名古屋市

（1）災害拠点病院としての使命を果たすための BCP 策定

　阪神・淡路大震災以降，非被災地から被災地への DMAT[2] 隊の派遣など，災害医療の連携体制は着実に進歩してきました。しかし，東日本大震災では，ライフラインや病院の建物・設備の被災により，機能を喪失した病院の事例が多数報告されました。このため，電力・水道等のライフライン被災時における発電・給水等の設備面での対策や，指揮命令系統の維持等について，対応計画の必要性が指摘されるようになっていました。

　同院においても，災害対応マニュアルを策定し，トリアージ[3] を中心とする初動対応の訓練を毎年実施してきましたが，ライフライン停止時であっても病院機能が維持できるか，全体の指揮命令を混乱なく維持することができるか，という観点で，施設・設備等を再点検し，事務部門も含めた災害対策本部の計画を見直すことが必要となっていました。

---

2) 災害派遣医療チーム　Disaster Medical Assistance Team　の頭文字をとって略して DMAT（ディーマット）と呼ばれ，「災害急性期に活動できる機動性を持った　トレーニングを受けた医療チーム」と定義されている（※辺見弘ほか［2012］「日本における災害時派遣医療チーム（DMAT）の標準化に関する研究」〈平成 13 年度厚生科学特別研究最終報告書〉）。
3) 災害医療の現場において，限られた医療資源（医療スタッフ，医薬品等）を最大限活用するため，負傷者を傷病の緊急性・重傷度に応じて分類し，治療の優先順位を決定すること（看護用語辞典より）。

図表 4-11　大規模災害時の災害拠点病院の使命

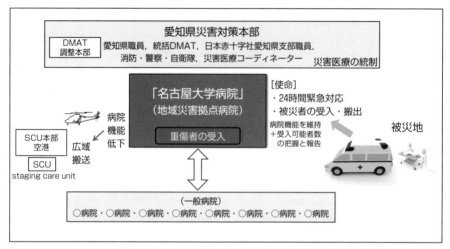

　また，同院は愛知県の災害拠点病院[4]に指定されており，愛知県災害対策本部に設置される災害医療コーディネーターの指揮のもと，地域医療連携の要の病院として，重傷者を優先的に受入れ1人でも多くの命を救うという使命があります（図表4-11）。そして，県の災害医療コーディネーターと適切に協議・相談していくためには，被災による病院の対応能力を正しく見極め，重傷者・透析患者の受入れまたは搬出など，対応の選択肢（戦略）と意思決定プロセスに関する病院全体の計画を持つことが必要となっていました。

　このような観点から，各部門から委員を選出してBCP策定委員会を設置し，BCPを策定することとし，常任会で正式承認しました。策定にあたっては，最初に完成までの全スケジュールを決め，プロジェクトマネジメントによる厳密な進捗管理を行いながら策定を進めていくこととしました（図表4-12）。

---

[4] 厚生労働省［2017］「災害拠点病院指定要件の一部改正について」（3月31日）により災害拠点病院の指定要件に業務継続計画（BCP）の整備と訓練の実施が追加されBCPの策定が必須となった。

図表 4-12　BCP 策定プロセス

	STEP	時期	イベント／検討事項
1	推進体制の構築	9月	①常任会 ② BCP 策定委員会設置（キックオフ）
2	現状確認	10月	①対応方針、外部関係機関からの要求事項 ②対策の現状
3	基本計画の策定	11月	① BCP 基本方針、被災想定、災害対策本部等検討 ② BCP 策定委員会で説明・承認
4	事業影響度分析	12月	① BIA 説明会（優先業務、ボトルネック資源等の検討） ②個別相談
5	対応計画検討	1月	①対策検討説明会（対策検討、計画の策定） ②個別相談
6	計画書の策定	2月	①各部門からの計画の集約・整理 ② BCP 策定委員会で説明・承認

（2）状況に応じた対応の選択肢＝事業継続戦略

　災害拠点病院の使命は，究極的には1人でも多くの命を救うことであり，病院機能が大きく損なわれている場合には，非被災地の病院へ搬送し最適な医療を施すという医療機関連携で対応することも重要な選択肢となります。

　各病院においては，1人でも多くの重傷者を受け入れられるよう病院機能の維持・復旧に取組みつつ，その限界を超える場合には他病院へ搬送するという意思決定をいかにして迅速に行うかということが重要になります。

　そこで，名古屋大学病院では，以下のとおり病院の被害の状況に応じた戦略を BCP の中で定めています（図表 4-13）。

（3）施設・設備対策の優先順位づけ

　大災害に備えた施設設備の耐震対策やライフライン停止時の非常用電源や井水利用による代替措置など，ハード面の対策は考え出すと切りがありません。

　またある部門から出された設備に関する対策の要望に対し，病院として費用をかけてそれを実施するかどうか，また，どの要望を優先すべきかの判断が必

図表 4-13　BCP 戦略　（一部抜粋）

レベル		状況：BCP 発動基準	対応方針：BCP 戦略
3		自施設が火災・崩壊	避難・退避，入院患者の搬送
2	5	下水（トイレ）使用不能	入院患者の搬送
	4	上水道の供給停止の長期化	透析患者の受入れ中止
	3	停電長期化，医療機器損傷	重傷者の受入れ中止，搬送検討
	2	停電，給水停止	非常用電源切替，井水の供給
	1	多数傷病者発生	通常外来閉鎖，トリアージ開始
1		自院に被害なし	救助活動，重傷者の受入れ

要となります。

　そのため，ビジネスインパクト分析の中で，病院の重要業務を維持するための非常用電源の供給先を再確認するとともに，透析治療や手術材料の滅菌・洗浄等に必要な水の量と貯水槽の供給能力等を確認するなど，すべてのリソースに対して評価を行いました。各委員はその結果に基づき，対策が必要な事項をまとめた「事前対策リスト」を作成しました。そして全部門の要望を統合して，事前対策の相対的な優先度評価を行い，設備投資の中長期的な計画を立てました。

　このようにしてBCPの第一版を策定しましたが，BCP策定後もBCM推進体制を維持し，訓練を行い，事前対策の進捗管理を行うなど，病院機能の継続力を向上させるべく，さまざまなBCMの活動に取り組んでいます。

Column 4

リスクマネジメント，危機管理，事業継続の関係

　リスクマネジメントと事業継続，危機管理について用語の包含関係や概念整理の質問が結構多くあります。ここではこれらの概念を簡潔に整理して説明します。なお，これらの用語の概念は用語が新しいため流動性があり，いろいろな流派や考え方があることをお断りしておきます。

　リスクマネジメントには広義と狭義の2つがあります。広義のリスクマネジメントは事件や事故，為替変動など経営に影響をあたえるもの，特に目的の達成を阻害するものをリスクとして，そのリスクに対して，(1) 日常時の予防策，(2) リスクが顕在化したときの事後対応，(3) そして復旧の3つの時間軸のすべてを包含してリスクマネジメントと呼びます。これはリスクマネジメントシステム構築のための指針JISQ2001で定めたものです。一方，狭義のリスクマネジメントは(1)の日常時の予防策のマネジメントを指し，事後対応や復旧は含みません。ただし事後対応を円滑に行うための事前準備は含みます。これはリスクマネジメント原則及び指針ISO31000で定めたものです。

　このリスクマネジメントは目的を定めて対象範囲が決定します。企業全体のリスクマネジメントを対象とすると，ERM（Enterprise Risk Management）になります。そしてこのときの供給責任を果たすことができない事業中断リスクへの対処が事業継続（BC）となります。

　危機管理はJISQ2001では事後対応の取組みを危機管理としました。どのようなことが起こっても企業全体を存続するために対応する意思決定や指揮命令系統，対策本部，広報対応，そしてトップの役割などが中心的な課題として考えられていました。ただし日本語の危機管理には，テロや誘拐などのセキュリティの概念も含まれ，そのための事前準備も危機管理として語られることが多く，概念が不正確なところがあります。

　また，東日本大震災で明確になった，想定内と想定外という2つの概念分野があり，対処法が異なることが改めて理解されました（図1）。想定されている出来事，例えば地震や水害等に対しては予防の実施のほか，あらかじめ事後対応を速やかに進めるための事前準備をすべきであり，その巧拙が問われる

177

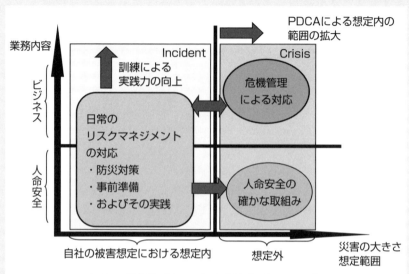

図 1 想定外（Crisis）と想定内（Incident）

のに対し，想定外の出来事ではその場でトップが意思決定する危機管理が問われることであり，この 2 つを区別すべきことが明らかになりました。事業継続は想定されている事業中断リスクに対する事前準備にあたります。そして，この事後対応に 2 段階あるという考え方はすでに欧米では広まっていて，想定内の出来事を Incident または Emergency と呼び，想定外を Crisis, Disaster, Catastrophe 等と呼んでいます。

本書では JISQ2001 で 1 つであった事後対応を 2 つに分け，想定外や想定していたものの被害が許容限界を超えたときへの対応を危機管理と呼ぶことを推奨します（図 2）。マニュアル名称も危機管理マニュアルなどとはせずに，あらかじめ想定されているリスクへの対応マニュアルは緊急事態管理マニュアルや有事対応マニュアルなどのほうがよいと思います（ただし，このような定義は，各企業においてすでに使用してきた概念が定着している場合には，混乱を生じさせる可能性があるため，必ずしも無理に変更する必要はないかもしれません）。いずれにしても，危機管理・リスクマネジメント・事業継続という用語については，混乱しやすい言葉なので，各社においては，それぞれの定義を明確に意識して使う必要があります。

第4章 事業継続の取組み事例

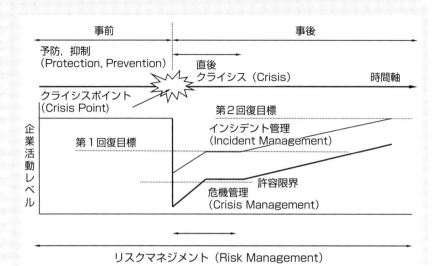

出所：JISTRZ0001（JISQ2001の原案）に加筆。

図2　言葉の定義

第5章 サプライチェーンリスクマネジメント

1 サプライチェーンリスクマネジメントとは

　サプライチェーンリスクマネジメント（Supply Chain Risk Management：SCRM）とは，サプライチェーンに影響を及ぼすさまざまなリスクを抽出・分析・評価し，サプライチェーンにおけるパフォーマンスの向上に寄与するためのリスク戦略の立案，事前対策，継続的改善といった，リスク管理のプロセスのことです。サプライチェーンマネジメント（Supply Chain Management：SCM）にリスク管理の視点を付加したものであり，企業のレジリエンス（さまざまなリスクによる影響からの回復力）を向上させ，顧客満足の維持と競争優位性の向上に寄与することを目的としています。

(1) サプライチェーン

　「サプライチェーン（Supply Chain）」とは企業間のモノやサービスの供給に関する連鎖のことです。サプライチェーンにはさまざまな捉え方があると考えられますが，マーチン・クリストファーによると「製品・サービスの形で最終顧客に価値をもたらす，上流から下流まで別々のプロセスと活動で連結された組織のネットワーク」と定義されています。

　サプライチェーンは図表5-1に示すように，ある組織から見て，原料や部品の供給などサプライヤーとのモノやサービスのやり取りを示す上流側：インバウンドサプライチェーンと，ある組織から見て，出荷後の製品物流やお客様対応など，顧客とのモノやサービスのやり取りを示す下流側：アウトバウンドサプライチェーン，そして，自社組織内のモノやサービスのやり取り（組織内サ

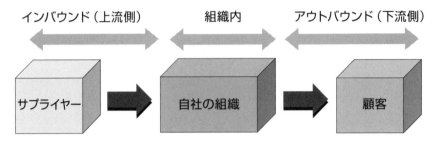

図表5-1　サプライチェーンの範囲

プライチェーン）で構成されると考えることができます。

　上流側では，サプライヤーにとっての調達先である2次サプライヤー（Tier2），さらにTier3, Tier4のサプライヤーというように，また下流側では，直接の顧客の顧客（2次顧客），さらに3次，4次の顧客というように，多くの組織がサプライチェーンを構成しています。

　グローバルに事業展開が進む昨今では，ネットワークが複雑化し，サプライチェーン上におけるトラブル・事故の発生において，企業の対応が求められてきています。一方で，企業は自社の製品やサービスを，オーダーに対してタイムリーに供給することで顧客ニーズを獲得していく必要があり，サプライチェーンに関わるリスク分析および評価，サプライヤーにおけるトラブル・事故発生時の対応要領の策定など，サプライヤーと連携しながらレジリエンスを強化する仕組みの構築が求められています。

(2) サプライチェーンのリスク

　近年，自然災害によるサプライヤーの被災や物流網の混乱，あるいは調達先のトラブル（例えば工場での火災・爆発等）に伴って，資材や部品等の供給が途絶する事例が発生しています。例えば，2010年4月14日（現地時間）アイスランドのエイヤフィヤトラヨークトル氷河において火山が噴火し，欧州発着の航空便が運行を停止し，グローバルでの物流機能の停止を招き，企業活動へ

大きな影響を及ぼしました（第2章2（2）参照）。

　サプライチェーンの混乱や途絶は，必ずしも自然災害だけが引き金になるとは限りません。例えば，主要サプライヤーでの火災・爆発事故により，調達の依存度が高い資材・部品の供給が途絶する場合や，フィールド業務のように自社の工程（プロセス）の保守・メンテナンスを請け負っている委託先企業が，自社の保有する資産（設備）等を毀損することによって損害を被る場合なども視野に入れる必要があります。

　現在，注目されるさまざまなサプライチェーンのリスクは，以下のように分類することができます。

Ⅰ．サプライチェーンの外部の要因で生じるリスク
　　異常気象・天候不順，自然災害，法律・規則の制定および改正，暴動・政変，犯罪，テロ，資源の枯渇など

Ⅱ．サプライチェーンの内部の要因で生じるリスク（自社以外）
　①サプライヤーに起因するリスク：倒産，原材料・部品・資材の品質や安全性，生産能力，納期遅延，配送問題，労働問題・ストライキ，環境問題，不祥事，法令違反など
　②顧客などに起因するリスク：需要の急激な変動，支払い能力，注文処理に関する問題，頻繁な仕様変更など

Ⅲ．自社内部の要因で生じるリスク
　①サプライチェーンのオペレーションに固有のリスク：事故・事件，工場・物流施設の不具合，情報システムの障害，人為ミス，製品品質など
　②サプライチェーンマネジメントの運用，マネージャーの決定から生じるリスク：バッチ・サイズ，安全在庫レベル，配送スケジュールの選択，施設の立地・配置など

　これらのリスクが顕在化すると，結果的には次のような事象となって，企業に影響を及ぼします。

- 製品供給・サービス提供の遅延や中断，停止

- 風評被害や不買運動，企業ブランドの毀損
- 情報漏洩や知的財産の流出
- 品質不良や製品安全上の不具合
- 法令違反などによる罰則
- 従業員の解雇や人材の流出
- 製品価格の変動
- 収益の減少やシェアの低下

このような事象に企業が対応するためには，サプライチェーンの上流から下流までのすべての側面，領域におけるリスクを検討対象とする必要があります。

2 サプライチェーンリスクマネジメントの考え方
(1) サプライチェーンリスクマネジメントの目的

　SCRMがサプライチェーンに影響を及ぼすさまざまなリスクを抽出・分析・評価し，その結果に基づくリスク戦略の立案，事前対策，継続的改善をするための体制であることはすでに述べましたが，企業がこのようなSCRMの体制を構築する目的は，主に2つあります。

　①サプライヤーから顧客までのモノやサービスの流れをスムーズに，かつ期待どおりに稼働させること
　②サプライチェーンリスクに関する社会や取引先，契約，法律・規則などからの要請を満たすこと

　SCMの目的は，正しい製品・サービスを，適切な供給者から，健全な品質で，適切な価格で，適切な場所に，正しい時刻に届けること，また，最小の資源で顧客価値を創出し，競争優位性を確保すること，であると考えられます。このようなSCMの目的を阻害するさまざまな変動要因が世の中には数多く存在します。サプライチェーンを安定的に稼働させるには，これらのサプライチェーンリスクを低減することが欠かせませんが，リスクを低減させるために

は，多くの場合，サプライチェーンの効率性を下げたり，コストを増加させることにつながり，トレードオフの関係にあるといえます。例えば，中国や東南アジアへの生産のシフトや海外調達は，コストを削減し，収益を確保するために必要なものの，一方で政治的な不安定や労働問題，契約問題，自然災害などによる供給中断などのリスクを増大させる要因となります。競争環境においては，ある程度のリスクをとることが必要となるため，効率性や低コストとサプライチェーンの安定性の間で，最適なバランスを図ることが重要だといえます。

つまり，SCRMとは，サプライチェーンリスクを可能な限り取り除くというよりも，最適なバランスで管理することであるといえます。SCRMとSCMをどのように関連づけるかは，組織によって異なります。SCRMを効果的な取組みにするには，SCRMとSCMを並列に位置づけたり，SCRMをSCMの機能の1つとして位置づけることが重要です。

(2) 事業継続マネジメントにおけるサプライチェーン上の課題

2011年3月11日に東日本大震災が発生し，多くの産業でサプライチェーンの途絶が起こりました。「BCPは，サプライチェーンの途絶という現象に役に立たなかった」という声が多く聞かれましたが，これはBCPがサプライチェーンの途絶に対応できないということではなく，そもそも多くの企業のBCPが製造工場や本社，主要グループ会社の本社といった重要拠点の被災を想定したものであり，サプライチェーンを考慮していた企業は少なかったためと考えられます。

もちろん，一部の企業では，BCMの取組みの中で原材料や部品，資材等の供給中断リスクの軽減が行われてきました。例えば，あるメーカーでは，2007年7月の新潟県中越沖地震の後にプロジェクトを立ち上げ，調達が特定の地域やサプライヤーに集中していないかを確認し，分散化を図っていました。また，サプライヤーが被災した際の対応マニュアルを調達・購買部門として整備したメーカーもあります。

しかし，これらの先進的な企業であってもサプライチェーンリスクへの対策は一時的な取組みにとどまり，継続的には行われていなかったのが実状です。またリーマンショック以降，外的な要因によって原価削減の取組みを強力に推し進めた結果，例えばサプライヤー数の絞り込みを行うなど，せっかくリスク分散した状態が元に戻ってしまっていた企業も多かったように見受けられます。

　製品のライフサイクルが短くなり，サプライヤーが短期間で切り替わってしまう場合があることや，経済環境の変化や経営者の意思決定によってもサプライチェーンが変化してしまうことも，BCMの取組みの中でサプライチェーンの考慮が進まない原因ともいえます。さらには，BCMの取組みが「防災活動の延長」と位置づけられ，総務部門や安全・環境部門等が主導している企業が多くありますが，その結果として，サプライチェーンに対する検討が不十分なケースが多くあります。

　このような状況を踏まえると，SCRMには，BCMの取組みと同様の戦略性を踏まえた，経営者が主導する体系的かつ継続的な取組みが必要であることは疑いありません。

(3) サプライチェーンのレジリエンス

　前述のようにサプライチェーンのリスクにはさまざまな種類があり，またサプライチェーン・ネットワーク上の"ノード"（サプライチェーンをつないでいる企業や物流拠点など）の数が多いことが，SCRMの取組みを難しいものにしています。すべてのリスクや，ネットワーク上のすべてのノードに対してリスク対策を講じることは困難です。さらに，自社で一定の対策を施すことができる場合と，自社だけでは力の及ばない場合があります。例えば，サプライヤーがグループ子会社や系列企業であれば，対策の実施を要請したり，BCPの策定を支援するなどして一定のリスク低減を図ることが可能ですが，そうでない場合にはこれらの対策は容易ではありません。

図表 5-2　サプライチェーンの混乱・途絶の概念図

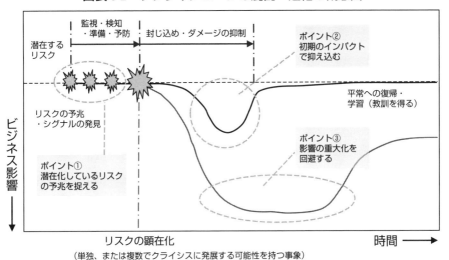

出所：ヨッシー・シェフィーやロバート・B・ハンドフィールドらの図を基にTRCが作成。

　このような問題を解決する1つの考え方が，レジリエンスです。レジリエンス（Resilience）とは英語ではバネの弾力性，復元力，病気からの回復力を意味する言葉です。サプライチェーンのレジリエンスは，「サプライチェーン・ネットワークの内外から生じるさまざまな混乱・途絶・変動による影響の受けにくさ」ならびに「元の状態に回復する能力の高さ」のことを指します。つまり，「以前の状態にすばやく戻ることができる」，「代わりの方法で対応できる」，「より望ましい状態にシフトできる」，「脆弱な箇所が少ない」ようなサプライチェーンの設計を行うことを意味しています。

　ここでサプライチェーンの混乱・途絶のプロファイルを模式化すると，図表5-2のようになります。

　下の曲線は，サプライチェーンのどこかでリスクが顕在化し，ネットワークを伝播して最終的に製品の供給やサービスの提供が長期間中断・休止して，許容できないほど大きなビジネスへの影響が発生した状況を示しています。サプ

ライチェーンのレジリエンスを高めることにより，例えば，サプライヤーや顧客との協働により潜在するリスクの予兆を捉えて早期に対応を開始し，積み増しした在庫の払い出しや代替拠点における業務代行等によってダメージを初期のインパクトで抑え込むことができれば，上の曲線のようにビジネスへの影響が軽減し，元の状態に戻ることが可能となります。

　ここで重要なことは，最終顧客に対する製品供給やサービス提供の中断や遅延をどのくらいの時間まで許容できるか，あるいはサプライチェーンをつないでいる個々のサプライヤーが被る財務上の影響をどこまで許容できるか，中断・途絶が回復した後にも残るさまざまな影響をどこまで許容できるかなどを事前に検討し，それぞれ許容される範囲に収まるよう，重大化を回避するための対策を講じることです。

　影響の重大化を回避するための対策には，例えば緊急時に代替調達できるサプライヤーの確保，物流拠点の分散配置，受注登録や出荷指示にかかわる柔軟性の高い情報システムの整備，部品の共通化などがあげられます。これらの対策はコスト増につながる可能性があるため，サプライチェーン・ネットワークの脆弱な箇所を特定し，それらに絞って対策を講じることが有効といえます。こうした取組みを行うためには，サプライチェーンの可視化や構造の分析，リスクが顕在化した場合の影響の定量評価等が必要となります。ここでは，サプライチェーン全体を俯瞰して分析を行い，個別最適に陥らないようにすることが重要です。これに伴って，従来のサプライヤーや顧客のデータベースを見直すことが必要になる場合もあります。サプライチェーンの可視化や対策の実施には，サプライヤーや顧客との協働も必要になると考えられます。

3 サプライチェーンリスクマネジメントの実践
(1) サプライチェーンリスクマネジメント導入のアプローチ

　多くの企業で全社的リスクマネジメント（Enterprise Risk Management：

ERM) や事業継続マネジメント (Business Continuity Management, BCM) などのリスクマネジメントに関する取組みが行われています。また，調達・購買に関しては CSR 調達やグリーン調達などの取組みを行っている企業もあります。SCRM の取組みを，これらの活動とどのように関係づけていくのかについては組織によって異なると思いますが，無理や無駄を省き調和したものでなければなりません。

SCRM を導入する際のパターンは主に 3 つあるといえます。
①事業継続マネジメント (BCM) のサプライチェーンへの拡充
②全社的リスクマネジメント (ERM) 活動の深化
③サプライチェーンリスクマネジメント (SCRM) の仕組みを独立して構築
①〜③のいずれを選ぶかは，事業内容や業界，サプライチェーンの構造，BCM やリスクマネジメントの取組み状況などを勘案して選択することが望ましいといえます。

BCM をベースとする①は，部品や原材料などの供給途絶や物流網の寸断など，サプライチェーンの途絶に直結するリスクに狙いを絞って対策するアプローチであるといえます。

一方，②は，サプライチェーンの途絶に直結するリスクの対策に限定しないアプローチです。ERM をベースとする②は，サプライチェーンにかかわる各部門のリスクアセスメントが，個々の部門の担当者に依存しがちになることが欠点となります。調達・購買部，生産管理部，SCM 部・物流部などの縦割り活動になり，複数の部門が連携して取り組むべきリスクや課題への対応が遅れたり，置き去りにされたりする可能性があることに注意が必要です。

③は，ERM，BCM から独立した，SCRM の仕組みを構築するアプローチです。サプライチェーンにかかわる部門による組織横断の取組みを，経営者が主導できるかどうかがポイントです。

図表 5-3　SCRM 構築の流れ

STEP1 基本方針の策定	STEP2 リスク分析	STEP3 リスク戦略の策定	STEP4 監視・検知・対応計画	STEP5 実施・運用・改善
1. 目的、目標の明確化 2. スコープの検討・見直し 3. 手順の検討・見直し 4. 推進体制構築・見直し 5. 経営者の承認とコミットメント	1. サプライチェーンの構造分析 2. サプライチェーンのリスクアセスメント（リスク特定・分析・評価）	1. リスク対応の優先順位づけ 2. リスク戦略の策定 3. リスク主管部門の設定 4. 改善目標と評価指標の設定 5. 実施計画と管理手順の検討	1. リスクの監視・異常検知の対象と手段検討 2. リスク顕在時の対応体制の検討 3. 対応計画・手順策定	1. リスク戦略の実行 2. リスク顕在化時の記録 3. 教育・訓練 4. 自己点検・内部監査 5. SCRMの効果検証 6. マネジメントレビュー

(2) サプライチェーンリスクマネジメント構築のプロセス

　SCRM を構築するためのプロセスの一例は，図表 5-3 に示す 5 つのステップで構成されます。

　このプロセスはあくまでも 1 つのモデルであり，各企業における既存のリスクマネジメントへの取組みおよび体制に合わせてカスタマイズすることが肝要です。

(3) サプライチェーンリスクの分析・戦略の策定

　前述の SCRM 構築のステップのうち，最も特徴的な部分となる STEP2：リスク分析，STEP3：リスク戦略の策定について述べます。

　〈STEP2 リスク分析：リスク特定〉
- 対象とするサプライチェーンに連なる品目をすべてノミネートし，供給停止となる発生頻度あるいは発生の可能性の高低や影響の大小，代替の有無などによってサプライチェーンのリスクを特定する（図表 5-4）

図表5-4 リスク分析：組立型製造ラインにおいて想定東海地震を対象とした場合

組み立て型製造ライン（例）

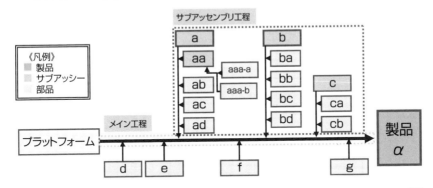

メーカー	品目	生産工場	所在地	想定震度	液状化危険度	代替有無
A社	aaa-a	○○工場	三重県○○市	6弱	高	無
	aaa-b	△△工場	愛知県○○市	5強	中	有
B社	bbb	□□工場	岐阜県○○市	5弱	低	無
C社	ccc	■■工場	静岡県○○市	6強	高	有
…	…	…	…	…	…	…
…	…	…	…	…	…	…

■地震により被害を受けるサプライヤ／設備メーカー／ベンダーの影響する範囲の考え方
- 津波の想定浸水域の立地である
- 震度6弱以上が想定される立地である
- 建物が新耐震ではなく旧耐震である
- 耐震補強されていない
- 代替が可能な他メーカーがない

- すべての条件に合致する
  ⇒長期間にわたり供給途絶もしくはサービス停止する可能性が高い
- 立地環境:津波想定浸水域／想定震度が6弱以上のエリア
  ⇒一定期間は供給停止の可能性が高い
- 代替が可能な他メーカーの有無
  ⇒災害発生後に代替先の確保が困難

〈STEP2 リスク分析：評価〉

- サプライチェーンにかかわる経営資源におけるリスク環境を整理し、企業に対してどの程度の影響が発生し得るかを評価する（図表5-5）
- 影響の大小に応じて、事前対策を実施する優先順位を定める

このように、顕在化したリスクがサプライチェーンの対象範囲のどこまで影響するかを把握したうえで、起こり得る自社への影響の内容を評価します。

図表5-5　供給停止影響度評価の例

項目	レベル	部品単位での供給停止による影響を次のランクによって評価	ランク
構成	Ⅰ	製品構成上その部品による依存度が高い	10〜7
構成	Ⅱ	製品構成上その部品による依存度が低い	6〜4
構成	Ⅲ	製品構成上その部品による依存度は限定的である	3〜1
汎用性	Ⅰ	自社仕様の部品(カスタムメイド)である	10〜7
汎用性	Ⅱ	市販品である(サプライヤーのカタログ掲載品)	6〜4
汎用性	Ⅲ	標準規格(JIS規格など)部品である	
対応力	Ⅰ	サプライヤーではハード対策(耐震・防火)等に遅れあり	
対応力	Ⅱ	サプライヤーではBCP策定に着手している	
対応力	Ⅲ	サプライヤーではBCPを備えている	

部品	部品の特徴	構成	汎用性	対応力	評価点
ab	サプライヤーの立地	6	6	8	288
ac	在庫保有	5	1	5	50
ad	別サプライヤーあり	4	3	2	24
aaa-a	特殊な加工不要	8	4	4	128
aaa-b	複数購買	9	2	4	72
ba	別サプライヤーあり	6	3	3	63

　特に，経営資源が毀損した場合の代替性は，調達上の制約（代替先の生産能力等），技術的な制約（汎用性，特殊性等），物流での制約等事業特性に応じた評価軸を設定して，多角的に検証することが必要となります。図表5-5にはサプライヤーからの供給停止が発生した場合の影響度評価の一例を掲載しています。これらの評価ポイントでは数値の絶対値の大きさを問題とするものではなく，あくまでも数値を相対的に評価することにより，重点的に対策を講じるべきサプライヤーを選定することが望ましいといえます。

〈STEP3 リスク戦略の策定〉

　STEP2を踏まえ，サプライチェーンのリスク戦略を検討します。

　リスク対応の優先順位づけは，サプライチェーンの種類あるいは顕在化したリスクという観点で行うことが一般的です。ただし，事象が多岐にわたるグローバルなサプライチェーンでは調達品・最終製品とそれらの商流，国・地域，サプライチェーンの領域（上流・下流の別，何次のサプライヤーまでか）やリ

図表 5-6　リスクマップと全体戦略の策定

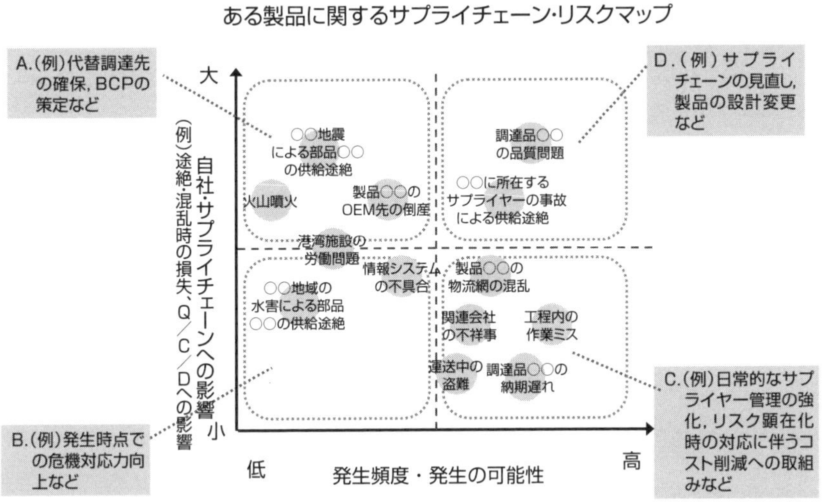

ある製品に関するサプライチェーン・リスクマップ

- A.（例）代替調達先の確保，BCPの策定など
- B.（例）発生時点での危機対応力向上など
- C.（例）日常的なサプライヤー管理の強化，リスク顕在化時の対応に伴うコスト削減への取組みなど
- D.（例）サプライチェーンの見直し，製品の設計変更など

縦軸：（例）途絶・混乱時の損失，Q／C／Dへの影響　自社・サプライチェーンへの影響（小〜大）
横軸：発生頻度・発生の可能性（低〜高）

象限内の例：
- ○○地震による部品○○の供給途絶
- 火山噴火
- 製品○○のOEM先の倒産
- 調達品○○の品質問題
- ○○に所在するサプライヤーの事故による供給途絶
- 港湾施設の労働問題
- 情報システムの不具合
- 製品○○の物流網の混乱
- ○○地域の水害による部品○○の供給途絶
- 関連会社の不祥事
- 工程内の作業ミス
- 運送中の盗難
- 調達品○○の納期遅れ

ソースの種類（物流施設，道路，港湾，空港など）というように組み合わせを絞って優先順位づけをすることも可能です。

リスク戦略の策定は，自社・サプライチェーンの影響と，発生頻度・可能性の高低を軸としたリスクマップを作成し，4つの象限について全体戦略を検討する方法があります（図表5-6）。

- 発生頻度は低いが，影響度の大きいリスク（A）
  代替調達先の確保，BCPの策定など
- 発生頻度が低く，影響度も小さいリスク（B）
  発生時点での危機対応能力の向上など
- 発生頻度は高いが，影響度の小さいリスク（C）
  日常的なサプライヤー管理の強化，リスク顕在化時の対応に伴うコスト削減への取組みなど
- 発生頻度が高く，影響度も大きいリスク（D）
  サプライチェーンの見直し，製品の設計変更など

(4) サプライチェーンの監視・検知・対応計画

前述の SCRM 構築のステップのうち，STEP4 で示した監視・検知・対応計画について解説します。

1) サプライチェーンリスクのモニタリング

リスクの原因事象によっては，予兆を捉えることが可能な場合があります。例えば，水害リスクの場合，勢力の強い台風の接近や河川の水位の上昇，行政が発する防災気象情報や避難勧告などをもとに災害対策本部を立ち上げ，土嚢を積んだり，操業を休止するといった対応をとることができます。これらの情報をリアルタイムに監視することが，一種の早期警戒システムになります。

また例えば，サプライヤーから納入される原料や部品の品質不良や異物混入のようなリスクの場合，入荷してもすぐにわからず，最終製品になってから検査で気づいたり，場合によっては市場に出荷されてから判明することがあり，異常が起こっていること自体を認識するのに時間を要する場合があります。サプライチェーン全体に波及する前に影響を食い止めることが重要となりますので，「リスクの監視・異常の検知」の考え方はきわめて重要となります。日常的な変動の範囲からの逸脱や急激な増減など，何らかのトリガーを設定しておくことが望ましいといえます。

また，検知された異常な状態を迅速に社内で伝達し，適切に判断できる体制を構築しておくこと，それらを模擬した訓練を実施しておくことが必要となります。

なお，サプライチェーンの見える化は，サプライチェーンリスクの監視と異常の検知につながる方策にもなります。先進企業においては，サプライヤーをGIS（地理情報システム）上に表示するサプライチェーン・マッピングや，サプライチェーン・ネットワークの各ノードにおける入出荷量や在庫量のリアルタイム監視と図示化，RFID（いわゆる IC タグ）を用いた移動履歴の可視化等が活用されています。また，欧米ではサプライヤー・スコアボードと呼ばれ

る，サプライヤーとの取引状況や各サプライヤーのリスク情報をデータベース化し，必要な情報を取り出して表示できるシステムを構築している企業もあります。

2) サプライチェーンリスクの対応計画

リスクが顕在化し，損失が発生することを想定して，企業としての対応計画，手順をあらかじめ定めておく必要があります。事前対応策として検討すべきポイントは以下のとおりです。

- サプライヤーのリストアップ（連絡先のリストアップ）
- サプライヤーの被害状況確認の手順化（通信機器等の整備）
- サプライヤーのチェック項目の策定（チェックシートの作成）
- サプライヤーの支援内容の検討（人的，物的支援）
- サプライヤーを切り替える際の判断基準の明確化（被害状況（供給停止期間），在庫状況，技術的な課題　等）
- サプライヤーを切り替える際の経営資源（人・モノ・情報）確保

また，事故・災害等が発生した場合における自社でのサプライヤー対応の業務フローをあらかじめ定めておき，その際に使用するチェックシートや手順書を作成しておくことが望まれます。特に過去の災害でのサプライヤー対応に関する経験を有している企業では，その反省点を踏まえて関係部門との連絡体制および検討事項を明確化することが肝要です。

(5) サプライチェーンリスクマネジメントの協働アプローチと継続的改善

サプライチェーンリスクの特徴は，その影響がチェーンに沿って移動していくことにあります。サプライチェーン内の1つのメンバーで起こった事象の影響は，サプライチェーン全体に波及していきます。"強いメンバー"から，リスクに対処することができない"弱いメンバー"にリスクが移る場合があり，

ちょっとした事件であってもその影響が拡大し，壊滅的になる可能性があります。つまり，サプライチェーンの各メンバーが組織ごとに独立して行った取り組みが，サプライチェーンの脆弱性を高め，影響を拡大してしまう可能性があるといえます。

　SCRMの最良のアプローチは，サプライチェーンのメンバーが協働で取り組み，サプライチェーン全体の脆弱性を低下させることにあります。協働が難しい場合であっても，サプライチェーン全体のパフォーマンスとリスク顕在化時の影響に目を向け，段階的に取り組んでいくことが重要です。

Column 5

ICS による災害対策本部の組織化について

　近年，欧米諸国などにおいては，危機管理体制として ICS（Incident Command System）の導入が推進されています。ICS 導入の発端となったのは，1970 年代におけるカリフォルニアでの山火事対応を主眼とした，消防分野における複数の組織としてのシステム構築であったとされています。広域にわたる火災に際し，郡や市および州政府から派出されてくる各消防隊を効果的かつ組織的に運用するためには，事前の任務分担をはじめ，現場での指揮命令系統の一元化や連携がきわめて重要となります。しかしながら，当時は各郡がそれぞれ独自の消防組織を編成していたため，お互いに連絡調整先がわからず，さらには，用語や装備の規格も異なっていたため，現場での連携が不十分となり，これらが被害拡大の一因となりました。このような不具合を解消するため，あらかじめ対応業務や用語等を標準化しておき，災害規模の大きさに応じて要員数を調整し，常に指揮命令系統を維持できる柔軟な組織体制を構築するために開発されたのが ICS です。

　一般的な組織を次ページの図に，危機対応上の特徴の 5 項目を次に示します。

- 5 つの機能に応じた標準的な組織の編成（各組織間の相互の連携強化）
- 現場を取り仕切るマネジャーの指定（一元的な指揮命令系統の確立）
- 日常的に直面する小規模事案に対する対応要領の最大活用
- 現場対応の重視（現場対応に対する後方支援の重視）
- 諸計画の立案，調整，調達などにかかわるスタッフ業務の充実

　災害規模が大きくなると，現場指揮者（Incident Commander）は，組織の各部門（Section）やチーム（Team），係（Unit）などを展開して対応要員の増加に対応します。それらをつなぎ 1 つの組織として一体化させることにより，常に指揮命令系統を維持することができます。

　ICS のこの考え方は，災害の種類に関係なく（オールハザード），小規模な災害でも，大勢の応援者で対応すべき大災害でも，すぐに体制を構築できる点が優れています。しかしこれがうまく機能するためには，関係者の間で ICS

一般的な ICS 組織図

の考え方が共通のルールとして十分認識されていることが前提となります。米国では1970年代以降，時間をかけて全米標準としてこの考え方を教育し普及させてきました。

　ICS は消防機関の消火出動体制として導入され，そこから各分野へと広まってきたものですが，このような組織では，平時・有事を問わず，指揮命令系統が確立されており，また，「監理」「情報」「作戦」「後方支援」および「通信」等の機能ごとにスタッフ組織を編成し，実動グループ間の緊密な連携体制を確立，維持していることが参考とされました。

　米国では，ICS の普及を背景として，民間企業においても緊急時対応組織を構築する際には ICS の考え方を取り入れてきました。

　日本では，民間企業において緊急時対応組織を構築する際には，通常組織の枠組みを前提として，緊急時対応組織へ移行するという考え方が一般的です。平時には，経済活動を最も効率的に遂行することを目的に内部組織の編成や職制が定められているのが一般的であり，ICS が普及していない現状では，危機管理上の要求に基づいた ICS 的組織にすべての組織を再編成することには無理があるように思われます。ただし，一部の病院では，トリアージなど災害医療対応の場合には，ICS の考え方に基づく緊急時対応の組織化が行われています。また地方公共団体の災害対応業務を標準化し，他の自治体等からの応援者を受け入れ柔軟な組織づくりをして対応することの検討が進められ，「地方公共団体のための災害時受援体制に関するガイドライン」（2017年内閣府（防災担当）としてまとめられました。

　一般の民間企業においても，通常組織をベースとした災害対策本部のチーム

編成だけでは，一部の部門に業務が集中しすぎる，1人も参集できない部門が発生する場合もある，などの問題もあります。これらを考えると，ICS的な発想で緊急時対応組織を構築するメリットがあるといえます。ICSの考え方に基づく災害対策本部の組織づくりについては，今後，日本でも浸透していく可能性があります。

なお，危機対応上の特徴として紹介されている5項目については，緊急事態発生時における対応能力の向上を図るうえで十分に考慮すべき事項でもあります。

つまり，どんな組織体制であっても，対策本部要員に対し，「迅速かつ的確に経営者に対する意思決定支援を行う」という意識を徹底することが重要です。このためには，災害時に誰が（あるいはどの部門が），どのような業務を担うのかを明確にするとともに，BCPの教育や訓練を通じて業務内容の理解を深めさせ，その役割意識を高め，実施手順などに習熟させることが重要です。したがって，対応組織（災害対策本部，緊急対応チーム（Emergency Response Team：ERT）など）を確立する際は，各部門の役割・業務内容と指揮命令系統を明確にしておくことに加え，業務量が1つの部門に偏らないよう配慮することや，コアメンバーが現場に参集できない場合も想定しておかなければなりません。また，多くのメンバーが不慣れな業務に従事しなければならないことを考えれば，災害発生から時系列的に主要業務を整理した一覧表や業務負荷に応じた要員の配分についても，平時から検討・整備しておくことが重要です。

なお，2011年11月にはISO22320（Societal security -Emergency management- Requirements for incident response：社会セキュリティー緊急事態管理―危機対応に関する要求事項）が発行されました。この国際標準規格は，ICSの考え方を参考に効果的な危機対応実現のための必要最小限度の要求事項を規定し，組織における指揮・調整，活動情報，連携，協力のあり方などについて定めています。

第6章 リスクファイナンスの考え方

　想定されるリスクや危機についての対応や対策は，コントロール（予防／低減）とファイナンス（移転／保有）の両側面から検討する必要があります。BCP策定もリスクマネジメントの一環ですが，前章まではリスクマネジメントサイクルにおけるリスクの洗い出し，リスクの評価，リスクの対応計画（コントロールおよびファイナンス），見直しのうち，ファイナンス以外の部分について述べてきました。

　この章では残されたファイナンスの領域について，リスクが顕在化した際の企業の財務諸表への影響を分析する財務インパクト分析手法と，BCP策定時におけるファイナンス対策の検討時の基本的な考え方を述べます。ここでは最新のリスクファイナンス手法の解説ではなく，検討の着眼点やポイントを整理します（図表6-1）。

図表6-1　リスクファイナンスの位置づけ

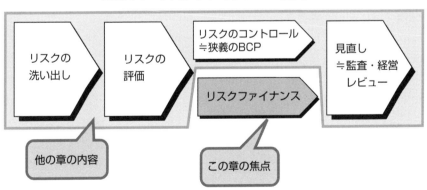

1 財務インパクト分析とは
（1）財務インパクト分析の必要性

　リスクが顕在化した際に発生する損失額や費用について，企業として取り得る資金調達の手法は下記の4つに大別されます。

---

① 流動性資金（現預金等）にて対応
② 負債を増額し，借入金にて対応
③ 資本金（および内部留保）にて吸収，あるいは増資にて対応
④ あらかじめ損害保険を契約しておき，受取保険金にて対応

　しかしながら①～④に示した手法には，昨今の企業経営の環境下では，それぞれ下記に記した課題があります。また地震リスクのような大規模災害の場合，被害額が相当高額になるため，さまざまな手法を組み合わせて検討することになります。そのため「何をもって妥当性のあるリスクファイナンスか」といった観点で，自社内の経営者や他部門，あるいは投資家をはじめとするステークホルダーへの説明責任を果たすためにも財務部門は日々頭を悩ましている状況と思われます。

◎地震を例にとった場合
　① 流動性資金（現預金等）にて対応する場合
　　　貸借対照表のスリム化，資産効率向上などの観点から手元流動性資金は余剰資金を持たないようにしているため，地震リスクなどのためだけに一定の流動性資金を常に確保しておくことは困難である。
　② 負債を増額し，借入金にて対応する場合
　　　大規模地震発生時の市場全体の資金調達環境の悪化と，罹災企業の財務内容の悪化に伴う信用力の低下や，財務制限条項への抵触により必要な額の借入れが困難になる可能性がある。大規模災害の場合，行政から無利子

の災害特別融資制度が斡旋される場合があるので，どのようなものが使えるか，普段から確認しておくとよい（ただし，借入金には変わりない）。
③　資本金（および内部留保）にて吸収，あるいは増資にて対応する場合
　　自己資本が減少し，経営基盤の安定性が損なわれる。被害が大きく自己資本でまかないきれない場合は，債務超過に陥る。また，増資による資金調達は，株式市場の資金調達環境の悪化により，必要な資金量を確保できない可能性もあり，既存株主の株式価値が希薄化するという問題も発生する。
④　あらかじめ損害保険を契約しておき，受取保険金にて対応する場合
　　地震リスクに備えるための損害保険を手配するために相応の保険料負担が必要となる。また特に地震の場合には必ずしも十分な条件での保険契約ができない可能性がある。

　平時における企業の業績やおかれている状況を判断するには，企業の財務状況を把握することが最も一般的といえます。企業の財務状況を映し出すものとして，特に決算書は，一般投資家や株主，取引先といったステークホルダーに自社の現状の情報を提供する機能に加えて，経営者が経営戦略を打ち出すうえでの重要な指針としての機能も有しています。

　そこで，リスクが顕在化した場合にそれが企業の財務諸表にいかなる影響を与えるのか，すなわち，「大規模地震発生時の財務内容の悪化状況」と「選択した資金調達手法の効果」を可視化するアプローチ手法として「リスクと企業財務を結ぶ掛け橋」である財務インパクト分析が必要となります。

　財務インパクト分析では，リスクが企業に与える影響を財務諸表および財務指標といった共通の尺度を用いて表現することから，経営者の視点から評価することが可能となります。

(2) 財務諸表に及ぼすリスクのインパクト

　財務インパクト分析の詳細について触れる前に，財務諸表のうち損益計算書

および貸借対照表を取り上げ，それらの財務諸表にリスクがいかなる影響を与えるのかを概括的に整理することにします。

1）損益計算書

　例えば，大規模な地震などにより企業の生産設備が損害を受け，結果として生産が一定期間停止すると，売上高の減少という形で損益計算書に影響を及ぼします。売上高の減少に付随して売上原価および販売費・一般管理費も減少することとなりますが，その減少割合は売上高のそれと比較して小さくなる（結果として営業利益がより減少する）ことが一般的であり，最終的には当期利益が減少することとなります。ただし，リスクファイナンスとして損害保険による手当てがなされている場合には，受取保険金が特別利益に計上されることから当期利益の減少幅は少なくて済みます。

2）貸借対照表

　貸借対照表は①資産の部，②負債の部，③資本の部の3つの部から構成されます。

①　資産の部

　資産のうちリスクが顕在化した際に影響を受ける可能性のあるものは，主として流動資産および有形固定資産があります。

　流動資産は，近い将来（1年以内）に現金化が可能な資産です。現預金のほか売掛金や棚卸資産（製品・商品など）等がこれに該当します。固定資産は，長期にわたって利用または所有される資産です。有形固定資産（建物や機械・装置など），無形固定資産（借地権など），投資（子会社株式など）に分類されます。リスクが顕在化した際の企業への影響は，直接損害（建物や棚卸資産の損壊など）と間接損害（損害賠償金や緊急時の対応費用等の付随的に発生する費用）に大別されます。

例えば地震・台風といった自然災害で保有資産が損害を受けると、棚卸資産や有形固定資産が減少します。さらに損害を受けた資産を手元流動性資金で再調達すれば、支払額に相当する分だけ現預金が減少することになります。また、事故などにより第三者に対して損害賠償金を支払うと、現預金が減少します。

② 負債の部

負債のうちリスクが顕在化した際に影響を受ける可能性のあるものは、主として、流動負債に属する短期借入金および固定負債に属する長期借入金や社債があります。ここで流動負債とは、近い将来（1年以内）に支払いまたは返済をしなければならない負債を指します。一方、固定負債とは、支払・返済期限が1年を超える負債のことです。例えば地震による損害を受けた建物や機械・装置を復旧するための資金を銀行借入れでまかなうとすれば、短期借入金または長期借入金が増えることとなります。

③ 資本の部

生産の停止による売上高の減少、保有資産の毀損、損害賠償金の支払いなどの事例はいずれも損益計算書における当期利益を減少させ、場合によっては当期損失を発生させ、結果として貸借対照表の自己資本を毀損することにつながります。自己資本を大幅に毀損するような事態に陥れば株主から経営責任を問われかねず、また生産の停止が長期間継続した場合、取引先から供給責任を問われることとなり、企業経営の安定といった観点からもリスクを適切に評価分析し、財務の面においても適切なリスクファイナンスの対応策を用意しておくことが何にも増して重要となります。

(3) ケーススタディ

ではケーススタディを用いて、地震による財務への影響度を具体的に分析し

図表 6-2　A 社の貸借対照表

B/S	単位：億円		単位：億円
資産の部	金額	負債の部	金額
流動資産	4,700	流動負債	1,300
現金及び預金	900	短期借入金	50
		その他	1,250
その他	3,800	固定負債	400
		長期借入金	100
固定資産	1,900	その他	300
		負債の部合計	1,700
有形固定資産	1,000	資本の部	
		資本金	1,000
無形固定資産	200	剰余金	1,300
		当期未処分利益	2,500
その他	700	その他	100
		資本の部合計	4,900
資産の部合計	6,600	負債及び資本の部合計	6,600

図表 6-3　A 社の損益計算書

P/L	単位：億円
売上高	8,000
売上原価	3,000
販売費及び一般管理費	2,600
営業利益	2,400
営業外損益	100
経常利益	2,500
特別利益	0
特別損失	0
当期利益	2,500

ましょう。ある企業 A 社（3 月決算）を例に，リスクが顕在化した際の企業財務への影響について順を追って説明することにします。リスク顕在化前の A 社の貸借対照表，損益計算書は図表 6-2，6-3 のとおり，被害シナリオは以下

のとおりとします。

> **被害シナリオ**
>
> 20XX年9月30日（半期終了時点日），A社工場付近で震度7の直下型地震が発生。工場の被害は甚大で再建には400億円を要する。また以降半年間生産ラインを停止せざるを得ない状況。A社は単一事業から成り立ち代替生産の手段を有していない。

① 保有資産損壊の影響

　地震により被害を受けた場合，貸借対照表においては，有形固定資産から被害額（簿価：このケースにおいては300億円とする）が除却され，総資産が減少します。損益計算書においては，同額が災害損失として特別損失に計上され，当期利益が減少します（実際には，設備処分にかかる解体費などの臨時費用もあわせて計上されますが，便宜上，省略します）。この当期利益減少分が当期未処分利益として貸借対照表の資本の部に計上されるので，前述の有形固定資産の減少分とバランスがとれることとなります（図表6-4，小計1参照）。企業におけるリスクの最終吸収先は自己資本になるといえます。

　次に，本シナリオでは工場の復旧のために400億円の資金調達が必要となりますが，まず自己資金で復旧し，その後リスクファイナンスとして復旧資金を損害保険と長期借入金によりおのおの200億円ずつまかなったとします。

　自己資金で復旧した場合は，貸借対照表上の有形固定資産を増額（＋400億円）した分，復旧資金として使用した流動資産の現預金を減額（－400億円）することとなります（図表6-4，小計2参照）。この場合，企業の支払能力を測る指標である流動比率が下がることが懸念されます。

　復旧資金を損害保険と長期借入金によりおのおの200億円ずつまかなった場合は，受取保険金として損益計算書（図表6-5）の特別利益に計上（＋200億円）し，貸借対照表では，資産の部の現預金を同額増額（＋200億円）します。なお，負債・資本の部は損益計算書で計上した特別利益が資本の部に当

図表6-4　A社の貸借対照表（B／S）の変化

B／S	単位：億円	財物損壊の影響		再取得		RFによる復旧資金受取		操業中断による売上減	
資産の部	金額		小計1		小計2		小計3		合計
流動資産	4,700		4,700	−400	4,300	400	4,700	−2,320	2,380
現金及び預金	900		900	−400	500	400	900	−2,320	−1,420
その他	3,800		3,800		3,800		3,800		3,800
固定資産	1,900	−300	1,600	400	2,000		2,000		2,000
有形固定資産	1,000	−300	700	400	1,100		1,100		1,100
無形固定資産	200		200		200		200		200
その他	700		700		700		700		700
資産の部合計	6,600	−300	6,300	0	6,300	400	6,700	−2,320	4,380
負債の部									
流動負債	1,300		1,300		1,300		1,300		1,300
短期借入金	50		50		50		50		50
その他	1,250		1,250		1,250		1,250		1,250
固定負債	400		400		400		400		400
長期借入金	100		100		100	200	300		300
その他	300		300		300		300		300
負債の部合計	1,700		1,700		1,700	200	1,900		1,900
資本の部			0		0		0		0
資本金	1,000		1,000		1,000		1,000		1,000
剰余金	1,300		1,300		1,300		1,300		1,300
当期未処分利益	2,500	−300	2,200		2,200	200	2,400	−2,320	80
その他	100		100		100		100		100
資本の部合計	4,900	−300	4,600		4,600	200	4,800	−2,320	2,480
負債及び資本の部合計	6,600	−300	6,300	0	6,300	400	6,700	−2,320	4,380

注）RF：リスクファイナンス。

期未処分利益として計上され，結果として貸借対照表はバランスが保たれます。長期借入金の場合は，貸借対照表上で負債の長期借入金と資産の現預金をおのおの増額（＋200億円）することでバランスが保たれます（図表6-4，小計3参照）。この場合，損害保険は当期利益の減少幅を抑える効果があることがわかります。また，長期借入金により資金調達を行った場合は，一般的に企業の安全性を計る指標とされている自己資本比率が低下することになります。

図表6-5 A社の損益計算書（P／L）の変化

P/L	単位：億円 金額	財物損壊の影響	小計1	再取得	小計2	RFによる復旧資金受取	小計3	操業中断による売上減	合計
売上高	8,000		8,000		8,000		8,000	−4,000	4,000
売上原価	3,000		3,000		3,000		3,000	−900	2,100
販売費及び一般管理費	2,600		2,600		2,600		2,600	−780	1,820
営業利益	2,400		2,400		2,400		2,400	−2,320	80
営業外損益	100		100		100		100		100
経常利益	2,500		2,500		2,500		2,500	−2,320	180
特別利益	0		0		0	200	200		200
特別損失	0	−300	−300		−300		−300		−300
当期利益	2,500	−300	2,200		2,200	200	2,400	−2,320	80

注）RF：リスクファイナンス。

② 操業中断の影響

生産ラインが停止せざるを得ない状況では、在庫による一時的な販売は可能ではありますが、生産活動が停止しているため売上高が減少します。また、費用の面では、売上原価、販売費及び一般管理費（以下販管費）において変化が生じます。

a. 売上高

本シナリオではA社の期央に地震が発生していますので、決算期末までの半年間、生産、販売がストップするために、年間売上の50％減少（−4,000億円）という影響をもたらし、当期利益を圧迫します。

b. 費用（売上原価・販管費）

生産ラインの停止は費用にも影響しますが、これらの費用は売上高の減少と比例しては減少しません。一般的に費用は下記のように操業度（売上高）に応じて比例して発生する費用（変動費）と、売上高の変動とは関係なく恒常的に発生する費用（固定費）に分類されます。

　　変動費：材料費、電力料、外注費、荷造運送費　等

固定費：減価償却費，人件費　等

　これらの費用の内容を見ると，売上高の減少に伴い変動費のみが比例して減少し，固定費は生産停止があっても減少しないことがわかります。便宜的に，本シナリオにおいてA社の固定費比率を40%とすると各科目の変化は以下のようになります。

　　被災前の費用＋被災後の費用＝費用科目×(1－50%)＋(費用科目×50%×40%)
　　本シナリオの場合：売上原価（－900億円），販管費（－780億円）

　結果として，生産ライン停止による操業中断（間接損害）は営業利益，経常利益を減少させ，企業経営に非常に大きな影響を与えることになります。特に固定費の割合の高い企業ではその影響が大きくなります。

　なお，操業中断による損失を最小化させるために，生産拠点の地域的な集中を避けることや，生産設備の耐震対策を充実させることが必要であり，残念ながら地震による操業中断による損失を十分に補うリスクファイナンス策はあまりないのが現状です。その意味でも地震発生時でも操業中断を起こさないためのコントロール策として，BCPを整備する意義は大きいことがわかります。

(4) 財務インパクト分析の意義

　ケーススタディでは単純な例を用いましたが，実際の企業では複数の工場で多種多様な商品を製造しています。したがって，BCP策定における被害想定シナリオごとに，企業財務に与える影響は異なります。例えば，工場の築年数による帳簿価格の違いや（減価償却が進んでおり貸借対照表へのインパクトが小さいなど），代替生産，在庫保有による操業中断期間への影響（一定期間，売上高の減少を食い止めることができるなど），あるいは商品の利益率の違いによる利益減少の度合い（売上構成比は小さいが，利益率が高く収益への影響が非常に高いなど）などです。これらの違いにより被災後の予想財務諸表は大きく異なる可能性があります。

　これら各シナリオの影響を，財務インパクト分析を用いることで，企業経

営，企業財務の視点から，「財務諸表や財務指標の何を守るのか」「どこまでがリスクを許容できるレベルなのか」という点について比較検討することができ，影響の大きいシナリオに対する対策を講じることができるようになります。また，地震リスクに限らず，企業を取り巻く各種リスクについても，その影響を財務諸表，財務指標という共通言語で表現することもでき，BCPのみならずリスクマネジメントを推進していくうえでも有効な手法といえます。

2 事業継続計画におけるリスクファイナンス
(1) 必要資金の考え方

これまでのBCP策定の中で第3章「7 被害想定」の取組みを通じて，地震リスクが顕在化した際の影響をシナリオベースで明確化してきました。そのシナリオを金額で表すと，例えば以下のようなものになります。

- 物的被害額：30億円（工場の毀損等）
- 操業中断による売上高の減少：10億円（操業中断期間中の機会損失等）
- 臨時で発生する費用：5億円（軽損設備の修理費や救援物資購入，残業代等）

上記のようなシナリオに対するリスクファイナンス策として，例えば，損害保険を手配しようとした場合，リスクに見合った保険料が高額であったり，必ずしも満足できる条件での保険手配ができない可能性があります。また，地震時の操業中断による収益減少リスクに備えるための保険手配は困難であることが一般的です（火災や水害時の場合は収益減少リスクの保険手配は可能）。

また，保険手配が可能であったとしても，そもそも損害保険は最終的な損失補填の手段であり，事業継続の観点では企業活動が復旧しなければなりません。例えば，被災をした工場の再建中にも企業としての活動は継続しており，売掛債権の回収，仕入債務の支払いなど資金の出入りは発生しています。特に支払いに関する財務的活動が停止，遅延した場合，結果として資金ショートにより企業としての存続が危ぶまれる可能性があります。

そのため，被害想定の結果に加え，地震発生後も発生前と同様に行う企業の財務活動（取引先との資金決済や従業員への給与支払い等）もあわせて，下記の観点で整理しておく必要があります。

◎ BCP策定時のファイナンス策の検討のポイント
- 資金需要（発生時期・必要額）
- 資金調達手法（短期の運転資金・中長期の設備資金）

図表6-6に被災時の資金需要のイメージを示します。図の実線（折線）が手元流動性資金残高を表します。

図の横軸より下まわる網掛け部分（保有資産（工場・設備）の再建費用支払時）がいわゆる資金ショートとなるため，この部分に対するファイナンス策が必要であることがわかります。今日の企業では余剰資金を持たないようにしていることもあり，資金ショートの時間軸がより早い時期になる場合も多いと考えられます。実際に自身の企業で手元流動性資金残高がどのような推移となるのかを検討して，必要な資金量と資金調達の時期を認識する必要があります。

また，注意が必要なのは，地震発生後，市場の資金調達環境と被害を受けた企業の信用力が変化するという点です（特に当月の支払いの都度，銀行からの借入れを実行し，製品の販売などにより，資金の入金がなされるたびに，借入金を返却するといった財務活動を行っている企業はこの点に留意が必要です）。仮に信用力が低下（すると金融機関が判断）もしくは財務制限条項に抵触した場合，平時と同様の資金調達は困難となります。そのため，必要となる資金が短期的な運転資金なのか，あるいは中長期的な設備資金なのかを明確にして，その調達手法をあらかじめ確保しておくのか，あるいは地震後に手当てするのかについての検討も必要となります。

(2) リスクファイナンス戦略

これまで述べてきたことからも，BCPを支えるリスクファイナンス策は，損害保険を付保するといった単一のファイナンス策を講じるだけでは不十分で

図表6-6 被災時の資金需要イメージ

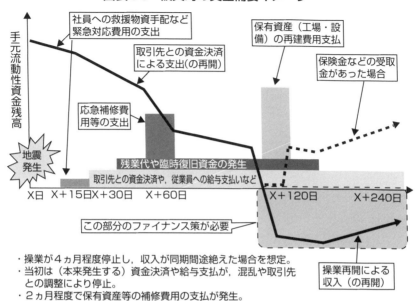

- 操業が4ヵ月程度停止し、収入が同期間途絶えた場合を想定。
- 当初は（本来発生する）資金決済や給与支払が、混乱や取引先との調整により停止。
- 2ヵ月程度で保有資産等の補修費用の支払が発生。
- 4ヵ月目で被災を受けた保有資産の再建が完了。実際は支払手形のサイトの影響を受けるが、便宜上復旧工事完了時に全額を現金で支払ったと仮定。
- 売掛金・受取手形の貸倒れがなく、正常に代金回収が進むと仮定。

す。リスクシナリオが企業に与える影響を財務インパクト分析で明確にした後に、企業として財務の観点で何を守るのかを明確にすることが第1のステップとなります。次に第2ステップとして、リスクシナリオの発生後、必要となる資金量および調達時期とその調達手法を明確にしておく必要があります。なお、数は少ないと思われますが（一部の大企業のみ）、これらの検討の結果、現状の資金・資本にて対応可能という場合は、平時の資金効率を高める観点や、有時の財務健全性を確保する観点から、被害額を事後的に補填するためのファイナンス策（主に損害保険）を可能な限り確保しておけばよいということになります。

　一方、その他の大部分の企業は、どのように考えればよいでしょうか。

まずはリスクファイナンス手法の概要と特徴を以下に示します（図表6-7）。なお，リスクファイナンス手法の詳細については，経済産業省のリスクファイナンス研究会による「リスクファイナンス研究会報告書～リスクファイナンスの普及に向けて～」（2006年3月）が同省のホームページに掲載されています（リスクファイナンス手法の詳細に加え，先進企業の取組み，上場企業

図表6-7　リスクファイナンス手法の特徴

手法	保有/移転	支払即時性	ベーシスリスク	商品の個別性	事務コスト	会計	備考
自己資本（準備金等）	保有					オンバランス	リスクを限定することなく，資金需要が発生した場合に活用
コミットメントライン	保有	リスク顕在化から資金が手元に入るまでの時間が短い		契約内容が比較的標準化されており，契約までの時間を要さない	リスク移転商品に比べ，相対的に低い（返済義務は生じる）	オフバランス	・資金需要が発生した場合に活用（一部免責事項あり）・リスクの時間的分散を図るうえで有効な方法（≠リスク移転策）
コンティンジェント・デット	保有			オーダーメイドの商品であるため，スキームの組成に時間を要する		オフバランス	・災害・事故発生後の流動性確保に活用・リスクの時間的配分を図るうえで有効な方法（≠リスク移転策）
地震保険	移転	リスク顕在化の後，損害調査・査定を要するため，通常，支払までに一定の時間を要する（内払制度あり）	実際の損害額が支払われる	契約内容が比較的標準化されており，契約までの時間を要さない	多数のものを相手とし，比較的標準化されており，他のリスク移転商品より比較的低い	オフバランス	・地震の規模にかかわらず，損害に対して保険金が支払われる・操業中断に関する保険化は困難
地震デリバティブ	移転	リスク顕在化から資金が手元に入るまでの時間が短い	一般に，実際の損害額と支払われる金額との間にギャップが生じる可能性がある	契約内容が一定程度標準化されており，契約までの時間をさほど要しない	個別性が高く，従来の保険に比してコストが高くなる	オフバランス	地震による損害発生を支払要件としないので，使途の多様性が高い

出所：経済産業省リスクファイナンス研究会編［2006］「リスクファイナンス研究会報告書―リスクファイナンスの普及に向けて―」159-160頁。

におけるリスクファイナンスに関する調査報告なども記載されています)。
■リスクファイナンス手法の概要
●コミットメントライン（融資枠契約）
　あらかじめ定めた期間および融資枠の範囲内で，企業が一定の条件を満たす限り，企業の請求に基づいて，金融機関が融資等を実行する旨約定する契約です。契約期間中，企業から銀行等に対し，コミットメントフィー（手数料）を支払います。

●コンティンジェント・デット
　上記コミットメントラインは地震や金融マーケットにおけるシステム障害などの非常事態において貸付義務を免除する条項が盛り込まれているのが一般的です。コンティンジェント・デットは，コミットメントラインの脆弱性を克服するスキームで，支払いの発動条件（地点・震度・マグニチュード：トリガーイベント）を決め，このトリガーイベントが発生した際に有効となる融資枠のことです。

●地震保険
　正式には地震危険拡張担保特約といい，火災保険の特約として企業が契約することができます。地震により保険の目的（建物・設備等）に生じた物的損害に対して保険金が支払われます。

●地震デリバティブ
　デリバティブとは株式，債券，為替等の原資産から派生した「金融派生商品」のことです。契約期間内にあらかじめ決めたトリガーイベント（地点・震度・マグニチュード）が発生すると，実際の損害額とは無関係に，当初取り決めした決済金が支払われます。損害額等の調査が不要で比較的短期間で資金が手元に入るため，事業中断による間接損害等に対しても有効です。

　このほか，最近では一部の金融機関で，あらかじめ定められた地震（地域の震度やマグニチュードなどを事前に定める）が発生した場合には元本返済が免

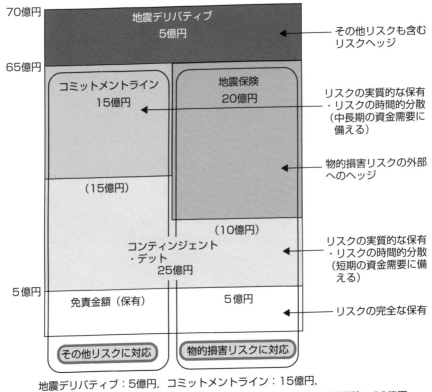

図表6-8 地震リスクファイナンスプログラムの例

地震デリバティブ：5億円，コミットメントライン：15億円，
コンティンジェント・デット：25億円（15億円＋10億円），地震保険：20億円

除されローンが解消される，震災時元本返済免除特約付きローンなど新商品も開発されています。

　リスクファイナンス策ごとの契約条件や実行の可能性については，各企業の信用力や物理的立地によりさまざまですが，下記のような資金が必要となった場合は，図表6-8のような地震リスクファイナンスプログラムが組成できると考えられます。なお前提として，前述のすべてのリスクファイナンス策が経済

合理性のある形で組成できるとします。

〈必要資金の例〉

前述の被害想定シナリオの結果に加えて，
◆ 毀損した保有資産の復旧に必要な資金：30億円（短期的に10億円，後に20億円）
◆ 操業中断による売上高の減少：10億円
◆ 臨時で発生する費用：5億円
◆ 地震発生後から操業再開までに必要な運転資金：25億円

この地震リスクファイナンスプログラムは，以下のような戦略に基づいているといえます。

① まず，臨時で発生する費用については自己資金で対応する。
　※なお，一定程度の免責金額の設定，すなわちリスクの完全な自己保有はリスクファイナンスプログラムの組成コストを下げる効果もある。

② 次に，地震発生後に必要な資金については，コンティンジェント・デットを組成することで，比較的早期に必要となる資金を確保する。

③ 中長期的に必要となる資金については，リスク移転の観点で損害保険を手当てし，運転資金面ではコミットメントライン（正確には地震発生前ではなく，地震発生後にその時点での信用力をもとに実行可能かどうかを融資をする側が検討することになる）で対応する。

④ 最終的に，必要な資金の残分を地震デリバティブで確保し使途の多様性を図る。

このようなプログラムは1つの理想形であり，すべての企業で組成できるとは限りませんが，BCP策定プロセスである「被害想定」の結果を十分に活用すれば，自社に合ったプログラムの検討は可能です。地震リスクのような大災害では，被害額が相当高額になることから，ファイナンス策によって手当てが必要な金額も高額となり，その導入コストもそれなりに必要となる場合があり

ますが，事業継続への影響をも考慮してバランスを考えながら検討することが重要です。地震によって発生するすべての費用を各種リスクファイナンス策で手当てすることは現実的ではありませんので，自社の実態を踏まえたリスクファイナンス戦略を持ち，必要な資金量，時期等を明確にすることが重要であるといえます。また，このような取組みは，ステークホルダーに対する説明責任を果たすことにもつながると思われます。

　BCPと連携したリスクファイナンス策の検討は，企業の一部門だけでは推進することは困難です。財務・経理あるいは総務部門が，BCP策定の主管部門と連携し，自社の現状や今後必要となる各種対策等を勘案したうえで，リスクファイナンス策を継続的に見直す仕組みの構築が最終的に必要となります。

第7章 事業継続を推進するために

1 コンサルティングの現場から

　現在，事業継続への取組みは多くの企業で進み，本格化しています。これまで，弊社はリスクコンサルティング会社としてクライアントを支援してきましたが，その取組みの状況はさまざまです。興味深いのは，BCPやBCMの取組み姿勢に企業文化や企業風土が反映されることです。そして，比較的順調に進んでいる企業は，その進め方や考え方に多くの共通点があります。また，悩みどころや作業が進みにくくなる箇所，その打開策も大いに参考になります。ここでは，先行して取り組んでいる企業の実例を参考に，考え方のヒントについて述べていきます。

キーワード 1　　取組みのきっかけ

　「企業が自発的にBCPの必要性を認識し取組みを始める」というのが理想的かもしれませんが，実際の取組みのきっかけはそればかりではありません。

- 取引先からの要請があった。
- 顧客から防災や事業継続に関する質問状がきた。
- これまでは質問状に担当部署で回答していたが，全社的な取組みに関する質問となり手に負えなくなった。
- 当局からの指導があった。
- 同業他社の取組みが公表された。
- 阪神・淡路大震災，新潟県中越沖地震，東日本大震災，タイの水害，熊本地震など，過去の災害において被害を受けた。

- グループ会社や同業他社が災害に遭い，被害を受けた。

　日本企業の特性なのかもしれませんが，やはり同業他社の動向を見ながら取組みを始めるケースも多いようです。例えば，訓練やシステムの二重化などは新製品の開発などと異なり，比較的同業者間で情報交換しやすいテーマであり，その延長線上で事業継続の取組みについても情報を入手するというケースがあります。

キーワード 2　経営者のリーダーシップ

　経営者がBCPを策定せよと指示するだけではうまく進みません。やはり，経営者が本気になって取り組む姿勢が重要です。各部署には取り組まなければならない事項が多くあり，BCPだけに時間をかけるわけにはいかないというのも本音でしょう。だからこそ経営者の強いメッセージが必要です。これにより特命を受けた部署（社員）は目的が明確となり，取組みへのインセンティブとなるのです。

- 特命を受けたプロジェクト・チームを組成し，社内に事業継続への取組みを宣言する。専任の要員の配置や要員増強をする。
- 策定のスケジュールや範囲を示す。
- 事業継続推進に関する委員会の長に社長・副社長や経営企画ラインの役員が就く。
- 推進会議に出席し，方針をその場で指示する。

キーワード 3　推進役の存在

　どんなプロジェクトでも同じですが，中心となって推進する組織や人によりプロジェクトの成否が大きく左右されます。特に，BCMの取組みは全社的でかつ期間を要するものであるため，その傾向が顕著に表れます。BCPの策定は多数の部門や他の組織との調整ごとが多く，社内のオーソライズがないと協力が得にくいためプロジェクトがうまく進みません。成功している企業等にお

ける推進役像は以下のとおりです。

- 全体の推進役（事務局）がもともと社内で力のある部署である。
- 経営者からプロジェクト推進のためのある程度の権限を付与されている。
- 事務局の中心となる部署が明確である。
- 複数部署の場合は責任が不明確とならないよう，役割分担を決めている。
- 事務局は1人ではなく，部課長クラスと担当者クラスの複数名からなる。
- 部課長クラスは他部署との調整に顔を利かせている。
- 関連部署にも責任者の了解を得たうえで,窓口となる推進役を配置している。

キーワード 4　現場の参画

　BCPは経営者，事務局や本部組織だけで策定できるものではなく，実際に事業を行っている各部門の参画があってこそ，より実効的なものになります。取組みがうまくいっている事例では，やはり現場の各部門の人達が積極的に参画しているケースが多く見られます。

　例えば製造現場であれば，日頃から品質管理，稼働率向上，コスト低減，環境マネジメント，安全対策等のいろいろな課題を抱えつつそれらに取り組んでいます。しかし，災害時の対応については不安を感じているケースもあります。安全対策にはコストがかかるため，問題が発生した時には再発防止策として予算がつくものの，予防対策についてはコストをかけにくいという声も聞きます。この場合，リスクを発見していても，コストがかかることや現場の権限を超えるものについては先送りしがちとなります。

　BCPは，業務プロセス分析を経て重要な要素を抽出し，その対策をとることを前提としており，対策コストの予算化もそのプロセスに含まれています。したがって，現場部門からの改善要望を汲み上げてもらえるよい機会となります。このため，本社サイドでは業務負荷等を考慮するあまり現場の巻き込みを躊躇していても，意外と現場ではそれを待っているというケースがあります。

　また，私どもが支援した事例では，サプライヤーや関係会社も参画して

BCPを策定している例もあります。

キーワード5　ステップ・バイ・ステップ

　特に大きな組織になればなるほど，全社的にBCPに取組むことは難しくなります。したがって，特定の部門や事業から取組みを始めるのが現実的です。また，取組みを始めた場合においても，一度に詳細な計画レベルまで到達するのには苦労します。うまくいっている企業は，ステップ・バイ・ステップで徐々に範囲を広げレベルを上げていく方法をとっています。

　例えば，自然災害リスクが高い地域にある基幹拠点をピックアップし，その中からより重要な拠点を選びます。次に，その拠点が行っている事業（工場であれば製造している商品）を対象として，建物が使用可能なレベルの被害を想定して戦略・計画を策定（早期復旧戦略）します。その後，建物が使用不能な状況での戦略・計画を策定（代替戦略）する，というようなやり方です。

　また，初めてBCPを策定するにあたり，これまで蓄積し整備してきた防災対策や災害マニュアルがある場合には，その点検や訓練から入るという方法もあります。例えば，自然災害の発生，社会インフラの停止，新型インフルエンザの発生，爆発・火災の発生など，自社にとって脅威となるリスクに対し，これらの対策やマニュアルが有効かどうかを確認します。その際，災害直後の行動（災害対策本部の立ち上げや人命の安全確保等）だけを確認するのではなく，何か1つの事業を対象として，その事業をどうやって継続させるのか，人やモノの動きをシミュレーションしてみます。それにより，対策やマニュアルがカバーしていない部分や，計画に無理がある部分，考慮が不足している部分などが具体的に目に見えてきます。これらを整理し分析することで，BCPで検討しなければならないポイントがつかめてきます。

キーワード6　PDCAサイクル

　社内でのさまざまな検討の結果として事業継続計画書が完成すると，「計画

ができて一安心」となり、そこで取組みが中断してしまうケースが見受けられます。しかしながら、最初の時点で完璧なBCPを作り、あらゆる事前対策を講じることができる企業等はあり得ず、内容を定常的にブラッシュアップしながらBCPで策定した内容を従業員に周知・徹底していく取組みが必須となります。例えば、年間計画に従業員研修や訓練を取り込み、そこで判明した課題を検討しBCPに反映することや、人事異動にあわせてBCPを更新することなどがあげられます。

つまり、いわゆるPDCAサイクル（Plan, Do, Check, Act）を効果的に運用することによってBCPの実効性が高まり、企業の中にBCMが定着していきます。

定期的な見直しや訓練を通じて明らかになった課題をもとに、BCPの内容を改善していく活動を定常的に運営していくためには、改善の仕組みを社内に構築しておく必要があります。例えば内部監査制度をBCPの中で定義しておき、担当者をおいてPDCAの進捗状況を定期的にチェックしていく等の取組みが有効です。

キーワード 7　BCMの実効性

事業継続計画書を作り上げることは一仕事ですが、それを維持し企業の発展とともにレベルを向上させ続けることはより重要です。そのため、事業継続を総称して用いられる用語も事業継続計画（BCP）から事業継続マネジメント（BCM）に変わりつつあります。熊本地震の教訓の1つに、全国展開している大企業であっても、東日本大震災の経験者がすでに人事異動で去ってしまい、後継者の知識や理解が不足していて対応に苦慮したことが挙げられます。経営者や担当者が交代することも前提におき、事業継続の考えや対策レベルをいかに維持し向上させるかが、BCMの実効性の確保として重要視されます。

BCMの実効性の確保には、BCMに携わる人材の能力・コンピテンシーが重要です。そのため特に①教育・訓練、②点検、見直し③経営者の関与が重要に

なります。教育・訓練では，経営者，責任者，担当者それぞれについて，BCMへの従事経験と訓練や研修，資格取得等による能力の確保および実際の災害対応経験を踏まえて，これらの要員の確保と後継者も含めた育成を行います。点検・見直しでは，定められた対応策を計画に従って確実に実施しているかを点検するとともに，経営レベルでは事業環境の変化に伴う重要業務や目標復旧時間の変更の必要性の有無を確認し，必要に応じて改善し計画を見直します。そしてこれらのBCMの推進には経営者の理解と関与が必要です。特に早期復旧戦略への投資や代替戦略の場合の例えば生産ラインの複数化への投資，そして同業他社とのお互いさま連携などを実践することが経営者自身の役割になります。作り上げたBCPを形骸化させず実効性を確保するために日々の地道な取組みが必要です。

2 事業継続への取組みの効果

BCPの目的や意義，導入の必要性については，本書ではすでに記述しましたので，ここでは直接的というよりも間接的，副次的な効果という観点で事業継続への取組みの効果を述べることとします。これらはリスクに強い企業体質を構築するうえでは，きわめて重要な観点であると考えられます。

(1) 事業を強くする（弱点の点検）

BCP策定のプロセスである，業務プロセス分析や被害想定において，事業上の重要な要素が何であるか，その重要な要素を取り巻くリスクは何か，仮にそのリスクが顕在化した場合にどのような事態になるかということがわかってきます。つまり，BCPを策定することで，事業上の弱みが浮き彫りになってきます。例えば，老朽化しているが保守体制が十分でない設備，もはやメーカーにも在庫がなく再調達不可能な機械や備品，二重化されていないシステム，1人しかいない特殊な技術者等です。これらの要素を，経営層ばかりではな

く，現場の実務担当者も見落としていたり，あるいは普段から把握はしているものの，自分の責任範囲ではない，それを指摘して問題を見える化すると面倒なことになる，予算がない，言っても聞いてもらえないなどといった理由で，現場レベルでの話にとどまり，責任者に情報があがっていなかったりするケースがあります。

　上述のような事業上の弱点は，通常のオペレーションをしているときには問題ないのですが，インシデントの発生など，何か普段とは違う事態が起きた場合に，これらの弱点が顕在化します。部門を統括する責任者は，日頃からこのような弱点について掌握し，組織内で情報の共有化を行うことが求められます。リスクマネジメントの入り口である「リスクの認識」を行うことは，日々行われている改善活動にもつながります。

(2) 組織横断的なプラットフォームの構築

　事業継続の取組みは，経営者，中間マネジメント層から現場担当者まで，かつ経営企画・リスク統括・総務・人事・財務などの本社部門，事務・IT部門，製造部門，技術部門，物流部門，調達部門，営業部門，研究開発，グループ会社など，まさに企業の縦から横まで組織横断的・縦断的な活動であり，その推進には，相当の労力を要します。経営者の姿勢と明確な意思決定，マネジメント層のリーダーシップ，現場での当事者意識等が必要であるとともに，ボトルネックや被害想定の情報を共有化するための工夫も必要です。そして，このプロジェクトの旗振り役として，推進事務局の存在が欠かせません。いわば，事業継続への取組みを通じて，リスクをキーワードとした組織横断的なプラットフォームが構築されることになります。

　企業は，革新的な発想がなくなると成長の停滞や業績不振に陥ることがあります。また，リスクが顕在化しその根幹を揺るがすような事態に陥ることもあります。そのようなとき，根本原因としてよく指摘されることは，「組織の硬直化」「縦割り組織の弊害」「マイナス情報の隠蔽」「当事者意識の欠如」

「リスク感覚の欠如」等です。特に大企業においては，多くの企業が潜在的に抱えている問題であると思われます。

　このような状態に企業が陥らないようにするためには，潜在化または顕在化しているリスクについて把握すること，組織の壁を越えて意見をかわすことが有効な方策の1つとなりますが，これは簡単なようで実は難しいことです。これを実現するために，事業継続への取組みを通じて構築された組織横断的なプラットフォームが活用できると考えられます。このプラットフォームは事業中断リスクだけではなく，コンプライアンス，製品安全，環境等の他のリスクに関する課題解決のためにも活用することが可能です。

　事業継続への取組みのスピード，普段からリスクマネジメントを重視している企業や，組織間での議論が活発な企業，そして，経営者のリーダーシップと現場の当事者意識が強い企業は，事業継続への取組みがより早く（時期的に早く着手したということと，検討を始めてからの進行スピードの両方），その内容も，より深いという傾向があるように感じられます。

3 リスクに強い会社をつくるために

　「BCPを策定して何のためになるのか」とよく問われることがあります。このような問いに対しては，もちろん，「企業が持続的な発展を目的としている以上，それを阻害しかねないリスクに対して目を向け，対策を講じることは，企業経営者として責務であり，企業を守るための戦略として取り組んでいただきたい」と申し上げたいと思います。しかし，そうとわかっていても，なかなか着手できない，どこまでやればよいのか判断がつかないという現実もあると思います。

　その場合に，導入の効果について定量的・定性的なアプローチから検証したうえで，できるだけ定量的な評価をもって投資額を判断したいと考えるのも当然です。最近では，金融機関を中心に自然災害リスクや人的災害によるリスク

●●●第7章　事業継続を推進するために

であるオペレーショナルリスクを定量化する仕組みが研究され構築されつつあります。いずれこのような定量的な分析の精度が向上し，より最適なリスク対策コストが導き出されることも可能となると思われます。また，このリスクと効果の定量化手法の高度化は，リスクマネジメントに携わるコンサルタントの責務であると考えています。

　しかし，事故や災害というものは人知を超えた規模で発生したり，予測し得ない影響を与えたりすることがあることを，皆が経験として理解しています。今後も，例えば新種の感染症の大流行など，かつて経験したことのない事態が発生することは避けられないでしょう。また，社会システムの変化や事業環境の変化は常に起きています。その変化が急激であれば気づくケースも多いのですが，たいていの場合は注意をしていなければ気がつかないほど少しずつ変化していきます。そして，ある時点で，しかもときには最悪のタイミングでリスクが顕在化し，大きな損害を被ることになります。

　リスクマネジメントでは，ともすると発生した事件・事故・違反の把握や，それが発覚した場合の事後対応に力点がおかれ，事後的，受動的なものとなりがちです。しかし，事業継続への取組みはコアビジネスへの経営資源の投資であり，企業が持続的に発展し生き残るための経営戦略です。その意味で，事前対策に重きをおく能動的なリスクマネジメントであると考えられます。収益とリスクは表裏一体の関係であり，リスクを適切にコントロールすることが，他に先んじて収益機会を得ることにつながります。事業継続への取組みが日本の企業に広がれば，日本で危惧されている種々の自然災害を乗り越え，社会全体の安心・安全につながることに加えて，個々の企業の国際的な競争力も増すものと思われます。

　本書を通じて，事業継続についての理解が深まり，事業継続マネジメントに取り組む企業が増え，リスクに強い企業が増えることを心から期待したいと思います。

Reference

参考文献

〈和文献・資料〉
- 青地忠浩［2006］「半導体産業向け事業継続（BCM）の10ポイント」『SEAJ Journal』No.104, 47-53頁。
- 青地忠浩［2011］『品質月間テキスト380　サプライチェーンリスクマネジメント概論－調達・購買のリスクを考える－』品質月間委員会。
- 岡田晴恵［2004］『鳥インフルエンザの脅威』河出書房新社。
- 気象庁［2007］「災害時地震・津波速報　平成19年（2007年）新潟中越沖地震」（8月20日）。
- 気象庁［2011］「東北地方太平洋沖地震による津波被害を踏まえた津波警報改善に向けた勉強会」（5月19日）。
- 気象庁「津波警報の発表基準等と情報文のあり方に関する検討会」［2012］「津波警報の発表基準等と情報文のあり方に関する提言」（2月）。
- 金融庁［2009］「中小・地域金融機関向けの総合的な監督指針」（12月）。
- クロード・アヌーン（小野克彦訳）［1997］『インフルエンザとは何か』（文庫クセジュ），白水社。
- 経済産業省［2011a］「産業構造審議会基本政策部会（第3回）資料3」（5月31日）。
- 経済産業省［2011b］「タイ洪水被害からのサプライチェーンの復旧状況に関する緊急調査」（12月21日）。
- 経済産業省リスクファイナンス研究会編［2006］「リスクファイナンス研究会報告書－リスクファイナンスの普及に向けて－」。
- 警察庁［2012］「平成23年（2011年）東北地方太平洋沖地震の被害状況と警察措置」（12月5日）。
- 警察庁［2017］「平成23年（2011年）東北地方太平洋沖地震の被害状況と警察措置」（9月8日）。
- 厚生労働省［2017］「災害拠点病院指定要件の一部改正について」（3月31日）。
- 国際決済銀行（BIS）（日本銀行仮訳）［2006］「業務継続のための基本原則」。
- 国際決済銀行（BIS）［2012］「金融機関等におけるコンティンジェンシープラン策定のための手引書（第3版追補2）」。
- 国土交通省［2011］「第4回　今後の汚水処理のあり方に関する検討会　有識者等委員会資料」（6月）。
- 国土交通省関東地方整備局［2011］「建設会社における災害時の事業継続力認定」。
- 国土交通省関東地方整備局企画部防災課［2009］「建設企業における事業継続計画」（12月）。

■小林治［2005］『インフルエンザ緊急対策－新型インフルエンザへの備え』法研。
■中央防災会議［2011a］「東北地方太平洋沖地震を教訓とした地震・津波対策に関する専門調査会第1回会合資料」（5月）。
■中央防災会議［2011b］「東北地方太平洋沖地震を教訓とした地震・津波対策に関する専門調査会中間とりまとめ」（6月26日）。
■中央防災会議［2011c］「東北地方太平洋沖地震を教訓とした地震・津波対策に関する専門調査会報告」（9月28日）。
■中央防災会議［2013］「首都直下地震の被害想定と対策について（最終報告）」（12月）。
■東京海上日動火災保険株式会社［2011］「洪水被害からの早期復旧に向けて～タイ洪水で浸水被害を受けたお客様への復旧ガイド」（10月）。
■東京海上日動火災保険株式会社［2012］「タイ洪水被害の教訓～海外拠点における水害リスク対策のポイント～」（2月）。
■東京海上日動リスクコンサルティング㈱編［2002］「リスクと企業財務」『TALISMAN』（東京海上日動火災保険㈱）。
■東京海上日動リスクコンサルティング㈱編［2003a］「企業価値経営とリスクマネジメント」『RISK RADAR』（東京海上日動リスクコンサルティング㈱）。
■東京海上日動リスクコンサルティング㈱編［2003b］「ディスクロージャー制度改定への対応」『TALISMAN』（東京海上日動火災保険㈱）。
■東京海上日動リスクコンサルティング㈱編［2004a］「事業継続計画（BCP）とは」『TALISMAN』（東京海上日動火災保険㈱）。
■東京海上日動リスクコンサルティング㈱［2004b］『図解入門ビジネス　最新リスクマネジメントがよ～くわかる本』秀和システム。
■東京海上日動リスクコンサルティング㈱編［2004］「平成16年　新潟県中越地震」『RISK RADAR』（東京海上日動リスクコンサルティング㈱）。
■東京海上日動リスクコンサルティング㈱編［2011a］「BCP最前線～先進企業の事業継続の取組みと今後の課題～」『TALISMAN』（東京海上日動火災保険㈱），1月号。
■東京海上日動火災リスクコンサルティング㈱［2011b］「海外進出企業に求められる危機管理体制」『TALISMAN』（東京海上日動火災保険㈱）。
■東京海上日動リスクコンサルティング㈱編［2011c］「東日本大震災と事業継続計画（BCP）」『TALISMAN』（東京海上日動火災保険㈱），12月号。
■東京海上日動火災リスクコンサルティング㈱［2015］「BCMの実効性の追求―人づくりと外部組織との連携，対象とするハザードの拡大により，あらゆる災害を乗り越える―」『TALISMAN』（東京海上日動火災保険㈱），11月号。
■独立行政法人日本貿易振興機構（ジェトロ）［2012］「特集：タイ洪水復興に関する情報－アーカイブ（洪水の発生から収束まで）」（6月1日）。
■内閣官房国土強靱化推進室［2016］「国土強靱化貢献団体の認証に関するガイドライン」（4月）。

■内閣府［2011］「平成23年版　防災白書」。
■内閣府［2013a］「『事業継続ガイドライン』の改定について」。
■内閣府［2013b］「事業継続ガイドライン第三版—あらゆる危機的事象を乗り越えるための戦略と対応—」（8月）。
■内閣府［2017］「熊本県熊本地方を震源とする地震に係る被害状況等について」（10月16日）。
■内閣府緊急災害対策本部[2012]「平成23年（2011年）東北地方太平洋沖地震（東日本大震災）について」（5月29日）。
■内閣府南海トラフの巨大地震モデル検討会［2012］「南海トラフの巨大地震による震度分布・津波高について（第一次報告）」（3月31日）。
■内閣府防災担当［2011］「東日本大震災における被害額の推計について」（6月24日）。
■内閣府防災担当［2012a］「南海トラフの巨大地震モデル検討会　第15回検討会資料」（3月31日）。
■内閣府防災担当［2012b］「南海トラフの巨大地震による震度分布・津波高について（第一次報告）」（3月31日）。
■内閣府防災担当［2014］「平成25年度企業の事業継続及び防災の取組に関する実態調査」（7月）。
■内閣府防災担当［2016］「平成27年度企業の事業継続及び防災の取組に関する実態調査」（3月）。
■新潟県［2009］『新潟県中越沖地震記録誌』。
■日本銀行［2006］「ジョイント・フォーラムによる「業務継続のための基本原則」の公表について」（8月30日）。
■日本銀行［2010］「業務継続体制の実効性確保に向けた確認項目と具体的な取組事例（増補改訂版）」。
■日本規格協会［2013］「JIS Q 22301：2013　社会セキュリティ－事業継続マネジメントシステム－要求事項」。
■日本工業標準調査会［2001］「JIS Q 2001－リスクマネジメントシステム構築のための指針」（財）日本規格協会。
■日本自動車部品工業会［2013］「BCPガイドライン」。
■日本政策投資銀行（DBJ）［2011］「円高・タイ洪水等に関する取引先ヒアリング結果」（12月20日）。
■日本政策投資銀行編［2006］「企業の防災への取組みに関する特別調査（2006年1月5日ニュースリリース）」（11月21日）。
■辺見　弘ほか［2012］「日本における災害時派遣医療チーム（DMAT）の標準化に関する研究〈平成13年度厚生科学特別研究最終報告書〉」（5月11日）
■マイク・デイヴィス（柴田裕之・斉藤隆夫訳）［2006］『感染爆発－鳥インフルエンザの脅威』紀伊国屋店。

- 山本太郎［2006］『新型インフルエンザ－世界がふるえる日』岩波書店。
- ヨッシー・シェフィー（渡辺研司・黄野吉博 監訳）［2007］『企業のレジリエンシーと事業継続マネジメント―サプライチェーン途絶！その時企業はどうしたか』日刊工業新聞社。
- ロバート・B・ハンドフィールド，ケビン・マコーミック（東京海上日動リスクコンサルティング（株）ビジネスリスク事業部訳）［2010］『サプライチェーンリスクマネジメント入門』日科技連出版。

〈欧文献〉

- ISO［2009］ISO 31000:2009 "Risk management - Principles and guidelines".
- ISO［2012］ISO22301:2012 Societal security —Business continuity management systems — Requirements.
- BSI［2006］BS 25999-1:2006 Business Continuity Management. Code of Practice.
- BSI［2007］BS 25999-2:2007 Specification for Business Continuity Management.

A List of URL

主な事業継続・防災関連のURL一覧

【国内・事業継続関連ガイドラインなど】

- ☐ 内閣府「事業継続ガイドライン第三版―あらゆる危機的事象を乗り越えるための戦略と対応―」
  http://www.bousai.go.jp/kyoiku/kigyou/keizoku/pdf/guideline03.pdf
- ☐ 内閣府「大規模災害発生時における地方公共団体の業務継続の手引き」
- ☐ 内閣府「地方公共団体のための災害時受援体制に関するガイドライン」
- ☐ 内閣府「市町村のための業務継続計画作成ガイド」
- ☐ 内閣府「市町村のための水害対応の手引き」
  http://www.bousai.go.jp/taisaku/chihogyoumukeizoku/index.html
- ☐ 内閣府「中央省庁業務継続ガイドライン第2版(首都直下地震対策)」
  http://www.bousai.go.jp/taisaku/chuogyoumukeizoku/pdf/gyoumu_guide_honbun160427.pdf
- ☐ 経済産業省「事業継続計画策定ガイドライン」
  http://www.meti.go.jp/policy/netsecurity/downloadfiles/6_bcpguide.pdf
- ☐ 中小企業庁「中小企業BCP策定運用指針」
  http://www.chusho.meti.go.jp/bcp/
- ☐ 総務省「地方公共団体におけるICT部門の業務継続計画(BCP)策定に関するガイドライン」
  http://www.soumu.go.jp/main_content/000145527.pdf
- ☐ 総務省「ICT部門の業務継続計画＜初動版サンプル＞」
  http://www.soumu.go.jp/main_sosiki/kenkyu/denshijichi/index.html
- ☐ 厚生労働省「新型インフルエンザ対策ガイドライン」
  http://www.cas.go.jp/jp/seisaku/ful/guide/090217keikaku.pdf
- ☐ 厚生労働省「事業者・職場における新型インフルエンザ対策ガイドライン」
  http://www.mhlw.go.jp/bunya/kenkou/kekkaku-kansenshou04/pdf/090217keikaku-08.pdf
- ☐ 金融庁「中小・地域金融機関向けの総合的な監督指針」
  http://www.fsa.go.jp/common/law/guide/chusho/index.html
- ☐「ジョイント・フォーラムによる「業務継続のための基本原則」の公表について」(日本銀行HP)
  https://www.boj.or.jp/announcements/release_2006/bis0608a.htm/
- ☐ 一般社団法人日本建設業連合会「建設BCPガイドライン(第4版)」
  http://www.nikkenren.com/publication/pdf/230/BCP_04.pdf
- ☐ 一般社団法人不動産協会「不動産協会事業継続計画ガイドライン～オフィスビル賃貸事業編～」
  http://www.fdk.or.jp/k_etc/guideline.html

- ☐ 一般社団法人情報通信ネットワーク産業協会（CIAJ）／一般社団法人電子情報技術産業協会（JEITA）「電機・電子・情報通信産業BCP策定・BCM導入のポイント～取り組み事例と課題～」
  http://www.jeita.or.jp/japanese/hot/2008/0115/BCPBCM_2008.pdf
- ☐ 一般社団法人電子情報技術産業協会（JEITA）「情報通信産業BCP策定・BCM導入のポイント 追補版」
  http://www.jeita.or.jp/japanese/topics/2012/20120409.pdf

【国内・官公庁】

- ☐ 内閣府防災情報のページ
  http://www.bousai.go.jp/
- ☐ 防災白書
  http://www.bousai.go.jp/kaigirep/hakusho/
- ☐ 内閣府 中央防災会議
  http://www.bousai.go.jp/kaigirep/chuobou/
- ☐ 民間と市場の力を活かした防災力向上に関する専門調査会
  http://www.bousai.go.jp/kyoiku/kigyou/minkan/
- ☐ 「民間と市場の力を活かした防災戦略の基本的提言」
  http://www.bousai.go.jp/kyoiku/kigyou/minkan/pdf/kihonteigen.pdf
- ☐ 内閣府 南海トラフ巨大地震対策
  http://www.bousai.go.jp/jishin/nankai/
- ☐ 首都直下地震帰宅困難者等対策協議会
  http://www.bousai.go.jp/jishin/syuto/kitaku/kitaku_kyougi_top.html
- ☐ 大規模水害対策に関する専門調査会
  http://www.bousai.go.jp/kaigirep/chuobou/senmon/daikibosuigai/
- ☐ 経済産業省
  http://www.meti.go.jp/
- ☐ 経済産業省 中小企業庁
  http://www.chusho.meti.go.jp/
- ☐ 国土交通省
  http://www.mlit.go.jp/
- ☐ 国土交通省 災害・防災情報
  http://www.mlit.go.jp/saigai/
- ☐ 国土交通省 防災情報提供センター
  http://www.mlit.go.jp/saigai/bosaijoho/
- ☐ 国土交通省 川の防災情報
  http://www.river.go.jp/kawabou/ipTopGaikyo.do
- ☐ 国土交通省 水管理・国土保全局
  http://www.mlit.go.jp/mizukokudo/

●●●主な事業継続・防災関連のURL一覧

- 国土交通省 国土地理院
  http://www.gsi.go.jp/
- 国土交通省 気象庁
  http://www.jma.go.jp/jma/
- 総務省 消防庁
  http://www.fdma.go.jp/
- 国家公安委員会
  http://www.npsc.go.jp/
- 警察庁
  http://www.npa.go.jp/
- 警視庁
  http://www.keishicho.metro.tokyo.jp/
- 首相官邸
  http://www.kantei.go.jp/
- 防衛省・自衛隊
  http://www.mod.go.jp/
- 農林水産省
  http://www.maff.go.jp/
- 東京消防庁
  http://www.tfd.metro.tokyo.jp/
- 東京都防災ホームページ
  http://www.bousai.metro.tokyo.jp/

【国内・自然災害関連】

- 地震予知連絡会
  http://cais.gsi.go.jp/YOCHIREN/
- 独立行政法人防災科学技術研究所
  http://www.bosai.go.jp/
- 特定非営利活動法人地震調査研究推進本部
  http://www.jishin.go.jp/
- リアルタイム地震情報利用協議会
  http://www.real-time.jp/
- 阪神・淡路大震災記念 人と防災未来センター
  http://www.dri.ne.jp/
- アジア防災センター
  http://www.adrc.or.jp/top_j.php
- 一般財団法人日本建築防災協会
  http://www.kenchiku-bosai.or.jp/
- 内閣府 阪神・淡路大震災教訓情報資料集
  http://www.bousai.go.jp/kyoiku/kyoukun/hanshin_awaji/data/

- ❏ 東京大学地震研究所
    http://www.eri.u-tokyo.ac.jp/
- ❏ 京都大学防災研究所
    http://www.dpri.kyoto-u.ac.jp/
- ❏ 独立行政法人 防災科学技術研究所
    http://www.bosai.go.jp/
- ❏ 一般社団法人 日本建築学会
    http://www.aij.or.jp
- ❏ 社団法人 土木学会
    http://www.jsce.or.jp/

【災害用伝言ダイヤル（171）など】

- ❏ NTT 東日本
    http://www.ntt-east.co.jp/saigai/voice171/
- ❏ NTT 西日本
    http://www.ntt-west.co.jp/dengon/
- ❏ NTT 東日本　災害用伝言板（web171）
    https://www.ntt-east.co.jp/saigai/web171/
- ❏ NTT 西日本　災害用伝言板（web171）
    https://www.ntt-west.co.jp/dengon/web171/
- ❏ NTT ドコモ　災害用伝言板
    https://www.nttdocomo.co.jp/info/disaster/disaster_board/
- ❏ ソフトバンク　災害用伝言板
    https://www.softbank.jp/mobile/service/dengon/boards/
- ❏ AU　災害用伝言板サービス
    https://www.au.com/mobile/anti-disaster/saigai-dengon/

【規格関係】

- ❏ 一般財団法人日本規格協会
    http://www.jsa.or.jp/
- ❏ 国際標準化機構（ISO）
    http://www.iso.org/
- ❏ 一般財団法人日本情報経済社会推進協会（JIPDEC）
    http://www.jipdec.or.jp/
- ❏ American National Standards Institute（ANSI：米国規格協会）
    http://www.ansi.org/
- ❏ British Standards Institution（BSI：英国規格協会）
    http://www.bsigroup.com/

【その他】

- 独立行政法人日本貿易振興機構（ジェトロ）
  https://www.jetro.go.jp/
- 特定非営利活動法人事業継続推進機構
  http://www.bcao.org/index.html
- BELFOR 社
  http://www.belfor.com/
- SEMI ジャパン
  http://www.semi.org/jp/
- 金融情報システムセンター
  http://www.fisc.or.jp/
- 東京駅周辺防災隣組（東京駅・有楽町地区帰宅困難者対策協力会）
  http://udri.net/tonarigumi/indextonarigumi.html
- 日本政策投資銀行 DBJ BCM 格付融資
  http://www.dbj.jp/solution/financial/risk_manage/
- 一般社団法人 日本経済団体連合会
  http://www.keidanren.or.jp/
- 災害に強い社会の構築に向けて
  http://www.keidanren.or.jp/japanese/policy/2003/070/
- 一般社団法人日本損害保険協会
  http://www.sonpo.or.jp/
- DRI ジャパン
  https://dri-j.jimdo.com/
- 一般社団法人レジリエンスジャパン推進協議会
  http://www.resilience-jp.org/

【海外組織】

- U.S.Department of Homeland Security（DHS：米国国土安全保障省）
  http://www.dhs.gov/
- Federal Emergency Management Agency（FEMA：連邦緊急事態管理庁）
  http://www.fema.gov/
- National Fire Protection Association（NFPA：全米防火協会）
  http://www.nfpa.org/
- Disaster Recovery Institute International（DRII）
  http://www.drii.org/
- Business Continuity Institute（BCI：（英国）事業継続協会）
  http://www.thebci.org/

索　引

英数字

ASIS SPC.1 …………………………23
BCAO ……………………………13, 24
BCI …………………………………26
BCM ……………………… 4, 189, 223
BCMS ………………………………22
BCP ……………………… 4-7, 39, 115, 223
BIA …………………………………98
BS25999 ……………………………22
Civil Contingencies Act（CCA）2004 ……22
COOP ………………………………22
DHS …………………………………23
DRII …………………………………25
FEMA ………………………………22
ICS ………………………………197
ISMS …………………………17, 102
ISO …………………………………17
ISO/IEC17799：2000 ………………17
ISO/IEC20000 ……………………17
ISO/IEC27000 ……………………17
ISO14001 ………………………102
ISO22301 ……………19, 40, 140, 170
ISO22313 ……………………19, 21
ISO22320 ……………………21, 199
ISO31000 ………………………177
ISO9001 ………………………102
ISOPAS22399 ……………………21
IT ……………………… 94, 124, 161
ITIL …………………………………17
「ITサービス継続ガイドライン」………14
JIPDEC ……………………………22
NFPA ………………………………23
NFPA1600 …………………………22
OEM ……………………… 107, 128
PDCA ……………… 20, 85, 123, 155

SCRM ……………… 181, 184, 189, 190
SSQA ………………………………18
UKAS ………………………………22
WHO ………………………………72

あ

アウトバウンドサプライチェーン ……… 181
安否確認 ………………… 7, 35, 57, 99

維持管理 ……………………………85
医薬品卸 ……………………………63
インバウンドサプライチェーン ………… 181

影響度評価 ………………………192
英国認証機関認定審議会（UKAS）……22
エイヤフィヤトラヨークトル ……………53

か

海溝型地震 ……………………69, 74
外部委託先 …………………121, 129
外部委託先管理 ……………124, 132
火災 …………………………………45
火山噴火 ……………………………44
活断層 …………………………36, 69
監査 …………………… 87, 113, 133
監視・検知・対応 …………… 190, 194

企業価値 …………………………165
企業と防災に関する検討会議 ………14
帰宅困難者 ……………… 57, 77, 165
基本方針 ………………… 32, 86, 87
ギャップ …………………………214
教育・訓練 ……… 37, 82, 87, 116, 159, 223
供給者品質評価（SSQA）……………18
「業務継続体制の実効性確保に向けた確認項

目と具体的な取組事例」·················· 16
「業務継続のための基本原則」·················· 16
業務プロセス分析······ 86, 100, 102, 221, 224
緊急対応業務································ 132
金融機関······················ 13, 16, 215, 226
「金融機関における業務継続体制の整備について」································ 16

熊本地震···························· 69, 111, 162

経営戦略································ 6, 151
計画停電···························· 47, 58, 61
経済被害······································59
権限の委譲································ 126
原子力発電所···························· 56, 59, 63

小売業··72
洪水································ 18, 44, 64, 129
国際標準化機構（ISO）···················· 17
コミットメントライン···················· 154, 215
コンティンジェンシープラン······ 11, 13, 16
コンティンジェント・デット······ 215, 217

さ

サービスレベルアグリーメント·············· 133
災害復旧計画································ 11, 12
財務インパクト分析···················· 202, 210
財務手当て························ 87, 124, 131
策定範囲······································89
サプライチェーン······ 4, 10, 15, 17-19, 37, 38, 41, 44, 45, 60, 66, 68, 71, 79, 87, 88, 101, 102, 105, 111, 113, 123, 124, 129, 132, 136, 147, 153, 181
サプライチェーンリスク
···················· 130, 184, 190, 194, 195
サプライチェーンリスクマネジメント（SCRM）···················· 181, 184, 188, 190

資格制度································ 24, 25, 27
指揮命令系統···················· 125, 133, 177, 197
事業継続··4
「事業継続ガイドライン第一版」········ 14, 31
「事業継続ガイドライン第二版」········ 14, 31
「事業継続ガイドライン第三版」
···························· 4, 14, 15, 31, 83
事業継続計画（BCP）········ 4-7, 39, 115, 223
「事業継続計画策定ガイドライン」·········· 14
事業継続推進機構（BCAO）············ 13, 14
事業継続戦略································ 105
事業継続マネジメント（BCM）··· 4, 189, 223
「事業者・職場における新型インフルエンザ対策ガイドライン」························ 14
地震調査研究推進本部························69
地震デリバティブ···················· 215, 217
「地震発災時における地方公共団体の業務継続の手引きとその解説」···················· 14
地震保険···························· 111, 112, 215
自動車産業································ 18, 45
重要業務······································94
重要な事業···························· 93, 95, 101
首都直下地震···························· 58, 74, 79
首都直下地震帰宅困難者等対策協議会
······································ 58, 77
情報サービス産業·······························17
情報セキュリティマネジメントシステム（ISMS）································ 17, 102
食品・飲料産業································61
初動···························· 9, 115, 158
「新型インフルエンザ対策行動計画」······ 134
新型インフルエンザ等対策特別措置法
···························· 9, 46, 134

水害··64
推進体制······································90

製造業···························· 107, 111

239

世界保健機関（WHO）……………72
石油・化学産業………………………61
全米防火協会（NFPA）……………24
専門調査会……………………………78

早期復旧………………… 93, 97, 135, 147
想定シナリオ…………………… 98, 104, 105
組織体制………………………… 87, 125, 197

た

対策本部……………………………… 197
第三者認証……………………………40
タイ水害………………………… 46, 64, 129
代替（復旧）………………………… 125
代替戦略………………………… 106, 158
「地方公共団体における ICT 部門の業務継続
　計画（BCP）策定に関するガイドライン」14
「中央省庁業務継続ガイドライン」………14
中央防災会議………………………… 75, 78
「中小企業 BCP 策定運用指針」…… 14, 114
長期評価………………………………69
津波…………………………… 43, 78, 110
津波警報………………………………56

電機・電子産業………………………61
点検・見直し………………… 123, 224
電子計算機システム安全対策基準…… 13, 31
テンプレート………………………… 103
電力不足………………………… 47, 58, 138

東海地震………………………… 78, 191
東京湾北部地震………………………… 75, 76
東北地方太平洋沖地震…………… 56, 57, 78

な

内部監査………………………… 190, 223
内部統制……………………………… 102

南海地震……………………………78
南海トラフ………………… 78, 149, 169

新潟県中越沖地震………… 153, 167, 219
日系企業………………………… 50, 74
日本建設業団体連合会………………19
日本情報経済社会推進協会（JIPDEC）…23
日本百貨店協会………………………19

は

バックアップ………………………… 128
パフォーマンス評価…………………20
ハリケーンカトリーナ………………44
バンコク暴動…………………………49
阪神・淡路大震災………………… 167
パンデミック………………… 46, 72
半導体産業………………… 12, 17
「半導体産業向け BCM の 10 ポイント」…18
半導体メーカー………………… 63, 71

被害想定……………………………… 103
東日本大震災………………… 3, 56, 223
ビジネスインパクト分析（BIA）………98
非製造業………………………………68
備蓄………………………… 58, 77, 106, 157
百貨店………………………… 46, 55, 64

復旧の制約となりかねない重要な要素（ボト
　ルネック）………………………… 102
復旧目標………………… 76, 86, 97, 101
文書化………………………………… 113

米国国土安全保障省（DHS）……………23
米国同時多発テロ………… 12, 16, 46, 126
ベルフォア社………………………… 107

防災計画……………………………… 7
放射能漏洩……………………………59

ボトルネック……………………… 86, 102, 105
本社機能……………………………… 37, 154

ま

マニュアル…………………… 7, 9, 86, 141

宮城県沖地震……………………… 83, 157

目標復旧時間………………………………97
目標復旧レベル…………………………89, 97

ら

ライフライン…………… 57, 100, 112, 136

リーダーシップ……………………… 225
リスク…………………………………43
リスク移転………………………… 214, 217

リスクコミュニケーション…… 87, 124, 130
リスク対応………………………………192
リスク低減………………………………186
リスク特定………………………………190
リスク評価……………………… 26, 82, 147
リスクファイナンス…………………… 201
リスクファイナンスプログラム………… 217
リスク分析……………………… 93, 182, 190
リスクマップ…………………………… 193
リスクマネジメント…………… 177, 227
流通業…………………………………… 112

レジリエンス…………………………… 186
レジリエンス認証制度……………………80
連邦緊急事態管理庁（FEMA）…………22

ロジスティクス………………………… 129

〈執筆者紹介〉（五十音順）

【執筆・監修者】
・東京海上日動リスクコンサルティング株式会社
　　青地　忠浩
　　坂本　憲幸
　　指田　朝久
　　松澤　直子

【執筆・協力者】
・東京海上日動リスクコンサルティング株式会社
　　伊藤　めぐみ
　　亀﨑　　洋
　　コナー　こずえ
　　篠原　誠治
　　鈴木　朋子
　　深津　嘉成
　　三保　春彦

・東京海上日動火災保険株式会社

東京海上日動リスクコンサルティング株式会社

1996年8月に東京海上火災保険株式会社の企業向けリスクコンサルティング部門を独立させ、東京海上リスクコンサルティング株式会社として設立。2004年10月に現社名に変更。企業や自治体などに対して火災爆発、自然災害、製品安全、環境問題、土壌汚染、情報リスク、苦情対応、コンプライアンス、交通安全、広報対応、海外安全、危機管理、事業継続、サプライチェーンリスクマネジメント、健康経営など幅広い分野において、リスクの評価やリスクの低減、事故発生時の対応に関するコンサルティングを行っている。
http://www.tokiorisk.co.jp/

平成18年12月27日	初 版 発 行
平成20年3月20日	初版3刷発行
平成23年1月25日	第 2 版 発 行
平成23年5月20日	第2版2刷発行
平成25年1月25日	第 3 版 発 行
平成30年2月15日	第 4 版 発 行

略称：事業継続(4)

実践　事業継続マネジメント（第4版）

編　者	ⓒ 東京海上日動リスクコンサルティング㈱
発行者	中　島　治　久
発行所	同文舘出版株式会社

東京都千代田区神田神保町1-41　〒101-0051
電話 営業(03)3294-1801　編集(03)3294-1803
振替 00100-8-42935
http://www.dobunkan.co.jp

Printed in Japan 2018

印刷・製本：萩原印刷

ISBN978-4-495-37644-4

[JCOPY]〈出版者著作権管理機構 委託出版物〉
本書の無断複製は著作権法上での例外を除き禁じられています。複製される場合は、そのつど事前に、出版者著作権管理機構（電話 03-3513-6969、FAX 03-3513-6979、e-mail: info@jcopy.or.jp）の許諾を得てください。